HEART
心|視野

HEART
心|視野

계속 가봅시다 남는 게 체력인데

Google公關總監的職場慢爬成功學

鄭金慶淑 著
鄭筱穎 譯

四十歲學英文、五十歲前進矽谷，突破限制，
打造不倦怠的人生動力

CONTENTS

PART 2

人生就是不斷地學習

PART 3

鍛鍊重新站起來的心理肌力

PART 4

女人、媽媽、主管——每條路都是相通的

作者序

致，面對停滯不前感到焦急不已的你

提到「第一天」，會讓你有什麼樣的感覺？第一天到夢寐以求的公司上班、第一天嘗試心心念念想學的運動、新婚第一天和另一半一起生活……光是想像就令人悸動不已，渾身充滿幹勁。然而，假設把這個詞換成「第五年」呢？工作第五年、跑步第五年，似乎聽到就開始感到厭煩，對吧？那麼，如果是「第三十年」呢？雖然不知道是否真的會有那天的到來，但不管做任何事，若能真的堅持三十年，那份堅苦卓絕的毅力，著實令人由衷欽佩。

無論是再熱愛的事物，都難以保有猶如「第一天」的熱情與悸動。時間一久，就容易感到倦怠，體力也大不如前。生活被工作淹沒、飽受職場上的人情冷暖，當僅存的體力也被消耗殆盡，剩下的就只有乏味的日常。九〇%以上的韓國上班族，呈現「過度疲勞」（burn-out）或「極度煩悶」（bore-out）的狀態。明明是喜歡才開始做的事，為何會讓我們感到如此厭倦？

這本書正是要告訴你，若是想要堅守最初的決心與幹勁，必須付出哪些努力。投入職場生活三十年以來，將近一半的時間，我都待在Google工作。在Google韓國分公司工作的第十二年——也就是二〇一九年，那年我正好五十歲——被派到位於矽谷的Google總部上班，開始挑戰全新的生活。我從四十歲那年起，努力不懈地學習英文，目前在全球媒體公關部門擔任總監，據說這是一份連母語人士都難以勝任的工作。

在過去三十年職場生涯中，我一直在思考如何讓生活保有續航力與積極度，並付諸行動。我創造出自己想要的工作，即使身為上班族，也依舊堅守自己的價值觀，透過與他人合作，讓自己更加成長。我發現自己之所以能做到這些事，一切的答案來自於「體力」。我深刻體悟到，身體和內在的核心肌力是最重要的。當核心肌力夠強大，無論做任何事都能樂在其中，即使跌倒了也能重新站起來。

我練劍道雖然超過十四年，每次參加比賽，卻總是不到三十秒就落敗；學大笒[1]

1　又稱大琴，是朝鮮半島傳統樂器。

七年了，到現在都還吹不好。在Google工作這麼多年，沒能當上最高階主管，反而成了最高齡的員工。儘管如此，那也無妨。因為我認為堅持做自己喜歡的事，才是最後的致勝關鍵。

在這本書中，我想和大家分享我如何按照自己的步伐持續拓展人生，需要的正是體力和耐力。即使成長速度比別人慢，即使沒有出眾的才華，我也會教你如何運用堅持不放棄的耐力，每天默默耕耘，並以此為根基，活出無限精彩的人生。在日復一日艱辛的生活中，若能注入這股力量作為後盾，儘管無法立竿見影，儘管偶爾遭逢挫敗，也能站穩腳跟，不會輕易倒下。不必太過心急，也毋須感到不安。比別人慢一點又怎樣？人生遠比想像來得更長。

倘若在面對新的挑戰時躊躇不前，或失去動力想要放棄，或許讀完我的故事後，能對你稍有幫助。這也是我撰寫這本書的初衷，希望能幫助你持續做自己喜歡的事，堅持到最後一刻，我會一直為你加油的。

INTRO

都五十歲了居然還要前進矽谷

「露易絲，妳又給自己找麻煩了。」

「別人這年紀都準備要退休了，妳是不是沒事找事做？」

「就算妳想成為 Google 首席總監，但非得要丟下家人和朋友，獨自去美國工作嗎？」

在我決定前往美國時，幾位要好的朋友憂心忡忡，試圖勸退。當時我正值五十歲，和同齡的朋友聚會時，很自然地會提及「退休後要做什麼？退休金要拿來做什麼？」這類的話題。韓國平均退休年齡是四十九・三歲，我卻在這個年紀決定實現長久以來的矽谷夢，毅然決然離開家人，隻身前往位於山景城的 Google 總部工作。

前往夢想中的矽谷

十五年前我剛進公司時，當時 Google 韓國只有十五名職員。草創初期，辦公室規模很小，位於一個只要從位置上站起來，一眼就能看見大家在做什麼的小房間裡。在沒有辦公大樓和老闆的情況下，公司內僅有業務部和人事部幾位同仁，大家一起開始組織團隊。我也是在二〇〇七年一月那時加入 Google，擔任公關部門總監。

在 Google 韓國工作十二年期間，公司員工數成長至三位數。和 Google 韓國一起走過十二年的歷史，也可以說是我個人的成長史。在公司內一提到露易絲這個名字，幾乎無人不知無人不曉。此外，如果想知道誰坐在哪裡，或遇到問題時找誰處理最快，大家最先問的人也是我。

然而，這樣的我卻再次成了「Noogler」（Google 內部對新進員工的統稱），驟然決定前往比 Google 韓國規模更大的團隊，進入陌生的美國總部。在那裡，不認識我的人遠多過認識我的人，我又再次回到了沒有部屬的一人團隊，就像十五年前剛進 Google 韓國那樣。誠如字面所述，一切從頭開始。

「露易絲，妳似乎總會替自己創造出屬於妳的位置。」一位後輩在得知我即將前往美國的消息時，驚訝地說道。「我也覺得很神奇，簡直像是在對神燈精靈許願，我只是說出我想要的，居然就真的這樣實現了。」

創造屬於自己的位置

身為 Google 全球公關部門主管，每年都必須到總部參加一年一度的會議。在這場異地活動中，有數百名 Google 員工參與，不僅能藉此獲得公司和產品最新資訊，也會互相分享成功案例或彼此交換意見，進行交流。二〇一九年六月，我們也同樣聚在加州召開會議。在活動最後一天，全球公關部門副總裁及各國主管們開放讓大家提問的時間。我藉著這個機會，在數百人面前舉手，提出了我長久以來的想法。

「我認為總公司應該要有一個國際媒體聯絡窗口，也就是需要有人負責居中溝通，協助世界各國派駐在美國當地的國際特派員，同時串聯各國及美國總部公關部門，創造出更多機會。」

提出這個想法的當下，我緊張到心跳加速，心跳聲大到大概連旁人都聽得見。接著，我聽到不絕於耳的稱讚聲與掌聲，就連副總裁也認為這是個不錯的想法，只是他認為這部分要考量的層面很廣，需要再深入研究。

為期三天的活動結束後，在返回首爾的機場途中，我洋洋灑灑地寫了一封信給副總裁，像是在為我的提案做補充說明。在那之後大概過了三個星期，我收到了副總裁寄給全球公關部門主管的信。當我正逐字逐句讀著冗長的信件內容時，信件最後「New roles（新職缺）」這幾個字吸引了我的目光。

天啊！居然是國際媒體公關部門總監的徵才公告。

收到副總裁的信件一個月後，我收到錄取通知，順利成為國際媒體公關部門總監。事實上，當我提出這個想法時，完全沒想過自己會得到那個職位。等到正式被錄取後，腦海中開始浮現各種想法：「我真的可以拋下家人獨自前往美國嗎？」、「我都已經這把年紀了，到一個全新的地方重頭開始，是否為時已晚？」、「『國際媒體公關部門總監』這個職位，就連母語人士都難以勝任，再加上又是新部門，顯然得從一人團隊開始做起，我真的要再次經歷一切從零開始嗎？我真的可以做到嗎？」、

「會不會去了反而弄巧成拙，到最後三十年的職場資歷就這樣毀於一旦？」

然而，在面臨人生中所有重大抉擇的每一刻，我相信的是我自己。我決定不再懷疑自己是否準備充足，也不擔心是否能夠勝任。不！應該說即使會懷疑，我也對自己有信心，一旦接下這份工作，就設法做到最好。無論在任何情況下，我都不會放棄，這是過去三十年我在職場上所學到的經驗。

更重要的是，我想在職場生活畫下句點前，勇於嘗試新的挑戰。不是因為年屆五十而不去，反而是因為都已經五十歲了，現在這個年紀才更應該要去，這樣的想法，變得更加強烈。

身為Google總監，身上卻連十塊美金也沒有？

我在八月份決定前往美國，預計九月初正式上任。因為是隻身前往，家人都留在國內，沒有太多需要準備的東西。我果斷地丟掉一些以前在韓國經常穿的正式服裝和皮鞋，由於加州天氣溫暖乾燥，再加上為了配合Google園區自由的氛圍，行李箱裡只簡單放了幾套休閒服和幾本書。兩個託運用的行李箱幾乎空空如也，沒裝什麼東西。一心渴望展開全新人生的我，決定放下過去五十年來多采多姿的人生經歷，開啟人生全新的一頁。除了對未來的希望和期待，我什麼也沒準備。就如同字面上所看到的——我真的什麼也沒準備，甚至連錢也沒帶。

抵達舊金山時，我身上只有從仁川機場ATM提款取出的三百塊美金（約新臺幣九千五百元）。由於美國的薪水是每兩週發放一次，我心想在領到薪水前，應該辦張信用卡就可以。於是，我把這趟旅程當成是出差一樣，沒準備太多就出發。等行李整理完畢，環顧一下四周後，接著我便前往銀行。

起初，行員聽到我的工作是Google總監，對我禮遇有加。「請問您的存款帳戶預計要存入多少金額？」糟糕！原來對方以為我會存入一大筆錢，才會露出一副見獵心喜的樣子。我壓根沒想到開戶要存款這件事，手上沒錢只能先存五十塊美金。行員的臉瞬間垮了下來，露出失望和難以置信的神情。我為了爭一口氣，便告訴對方我要辦信用卡，對方又接著問：「請問您的信用評分是多少？」

「信用評分？那是什麼？」

對方再度露出不敢相信的表情。在詢問各種問題，並查找電腦系統後，由於我在美國銀行沒有任何信用紀錄，因此無法申請信用卡。原本自信滿滿地離開韓國來到美國的我，突然覺得眼前一片黑暗。直到這一刻，才真正感受到什麼叫做「一切從零開始」。

不過，幸好我手上還有兩百五十元美金，心想只要在領到薪水前省著點用就好。但不知為何，每次去超市時，耳邊似乎都會聽見硬幣哐啷作響的聲音，像是在提醒我帳戶餘額正在一點一滴消失。蘋果拿了又放，放了又拿，就連買罐果汁也要錙銖必較，為了省幾分錢在超市東翻西找。唉！未免也太可悲！都五十歲的人了，居然連買顆蘋果也要猶豫老半天。

就這樣過了兩個星期，終於來到了發薪日！然而，帳戶卻依舊空空如也。過完週末到了星期一，薪水還是沒入帳。事後才得知，原來我把年度退休金提撥額調到最高級距，從薪資扣完提撥額後，才能領到薪水。花了一個半月的時間，好不容易全數繳完。換句話說，在這段時間內，我一毛錢也沒領到。

就算是一切從零開始，我沒想過真的會「零」得如此徹底。沒有信用卡，就連帳戶餘額也見底，還真的是身無分文！工作三十年來，我第一次看到帳戶餘額數字長這樣，誇下海口來到美國，居然淪落到這種地步，也不好意思開口拜託家人幫忙。沒辦法，在領到薪水前，只能厚臉皮吃公司的、用公司的，熬過這段時間吧！

話雖如此，人在異地又身無分文，日子過得實在無比悽慘。面臨這樣難堪的狀況，我感到不知所措。某天和同事聊天時，無意間提起了這件事。同事在得知我已經一個半月沒領到薪水時，他二話不說立刻掏出七百元美金借我，並笑著對我說：「天啊！誰會相信堂堂一名 Google 總監，居然會因為身上連十塊美金也沒有，一顆蘋果都買不起？」

我把同事借給我的七百元美金當成定居資金，展開了我的美國生活。原以為美國生活會過得多采多姿，一開始卻過得有點寒酸。不過，那是因為準備時間太過倉促，才會發生這樣的意外。不管怎樣，眼前的一切事物，對我來說都是新鮮的，充滿各種意想不到的新奇事物。

PART 1

體力和熱情都是「培養」出來的

1

與恐水症長達五十年的戰鬥

在夏威夷檀香山威基基海灘，蔚藍的天空與海岸連成一線。沙灘上隨處可見穿著泳裝怡然自得的人們，也能看見衝浪者們在海上乘風破浪，熟練地駕馭衝浪板，那畫面美得猶如夢中出現的場景。然而，沙灘上唯獨一人顯得特別格格不入。她穿著救生衣，把救生衣上每一個扣環都扣得緊緊的，深怕自己在水深不及腰間的淺灘中溺水，在水裡拼命掙扎著。

那個人，就是我。

二〇二一年夏天，我人在夏威夷。受到COVID-19疫情影響，大部分Google員工都改為居家辦公，不必進辦公室上班。我想趁這個機會，利用遠端工作期間，到處去旅行。於是我離開矽谷，去了西雅圖、紐約等城市，在當地體驗生活一個月，當成是美國城市之旅。夏威夷當然也在我的名單之內。

一提到夏威夷，大家自然而然會想到在海邊游泳、浮潛、潛水……等水上運動。然而，當我抵達當地時，我最先做的第一件事，不是去買一套好看的泳裝，而是先買救生衣。因為我是一個極度怕水的人，過去五十年來深受恐水症所苦。

由於兒時在溪邊溺水、差點死掉後，我就變得非常怕水，直到長大後仍無法擺脫恐水症。有過溺水經驗的人就知道，哪怕只是一剎那的時間，面對無法呼吸和身體不受控制時，會有一股強烈的恐懼席捲而來。整個人腦中一片空白，胸口像是被堵住一樣難受。儘管我曾經誇下海口，說自己想做的事情都已經做了，就算死也沒有任何遺憾。但當我一下水後，也忍不住為自己說過那樣的話感到後悔。光是學游泳就學了快五次，最終都以失敗告吹。地球有四分之三的面積是水，世界上有那麼多的恐懼症，為什麼我偏偏是怕水？

在Google總部開始學習游泳

來到美國第二年後，我開始學游泳，上課的地點就在Google總部的游泳池。Google總部不僅有游泳池，還有類似健身房的地方，擺滿各式各樣的健身器材。此外，Google總部也提供了瑜珈、皮拉提斯、有氧舞蹈等各種團體運動課程。或許是因為這樣，無論在韓國或美國，辦公室內很少見到胖子。在Google總部中，一對一游泳課一堂只要四十五美金（約新臺幣一千四百元），價格比外面便宜許多，我便想趁這個機會好好學游泳。

於是，我展開了一週三次的游泳課。在上課前，我對游泳教練千叮嚀萬囑咐，告訴他：「教練，我的目的不在於學會游泳，而是想克服恐水症。」教練聽完後點點頭，說他知道了。他陪我「玩水」玩了將近兩個月，我們玩了把石頭丟進水裡，再撿起來的遊戲，也做了在水中轉身的練習，甚至還練習跳水，也玩了用屁股碰到游泳池地板的遊戲。當隔壁水道的人以帥氣的泳姿來回游了一趟又一趟時，我只是像孩子一樣在旁邊玩水。

即便如此，一開始我也是怕得要死。然而，當我克服恐懼，持續玩水兩個月左右。神奇的是，我居然變得不怕水了。當我漸漸放下對水的恐懼後，也開始學會在水裡呼吸。就這樣一步一腳印，以緩慢的速度學習，終於在五十歲這年學會了游泳！

有必要那麼認真嗎？

在我們的人生中，經常發生類似的事，明明迫切渴望做某件事，卻因為情況不允許而選擇放棄。像是年紀太大不敢嘗試新的挑戰，又或是基於薪水、條件和育兒等現實因素考量，不得不放棄目前正在做的事。因此，我們的內心充滿許多遺憾，許多事想做卻沒時間做，又或是覺得自己沒有天賦，想做卻不敢放手去做。上了年紀後，更是常見。

不過，這樣的心情並不會因為忽略或掩飾就消失。儘管試圖轉移目標，不斷往後拖延，心裡依舊惦記著這件事。隨著時間流逝，當時那些未完成的心願，反而變得更迫切渴望。過去五十年來，我學過直排輪、馬拉松、登山、滑雪，甚至連劍道都學了，但我真正的想學的其實是游泳。無論我再怎麼否認、抗拒，「好想學會游泳」的想法，未曾從腦袋中消失，想學游泳的念頭反而變得更加強烈。心裡總想著：「真的好想學會游泳喔！就算學不會游泳，至少可以克服恐水症也好。」這樣的想法促使我想解決阻礙我的「根本問題」。是啊！如果因為怕死而不敢下水，那就抱著「視死如歸」的心態，放手一搏吧！這樣一來，就會發現根本沒什麼好怕的。

當然，接受自己現在的樣子，維持現狀也沒什麼不好。然而，一旦脫口說出：「有必要那麼認真嗎？」的那一刻，也就失去了前進的動力。「只不過是游泳，有必要那麼認真嗎？」當說出這句話時，就注定這輩子繼續當一個旱鴨子。在職場上，一旦說出：「有必要那麼認真嗎？」時，也就註定只能成為一個普通的上班族。人在說出這句話時，就會放棄原本想再多嘗試一下的念頭。因為快速「停損」後，就不必再投入更多的心力。

不過，無論是工作也好、讀書也好，甚至是游泳也好，當願意投入，並進一步探究問題的本質時，就會開創出新的局面。如果一直害怕自己做不到，不停地鑽牛角尖，這麼做只會打擊自己的信心。當你願意跨出第一步，就會燃起想再試試看的動力與熱情。即使面對自己做不到的事、無能為力的事，也能稍稍放下恐懼，從無力感中解脫。只要在過程中全力以赴，鍥而不捨地堅持到最後，無論結果如何，都會讓自己有所收穫。

就算晚了點，先試試看再說

仔細想想，從二十幾歲到現在，這三十年來在職場上，我一直都是做事認真的「拼命三郎」。就像一開始，我之所以會日以繼夜地攻讀研究所，是想改變自己內向的個性，希望自己變得稍微外向一點，再加上因為升遷比別人慢，心裡有些沮喪，想藉由讀研究所，讓自己對工作更有信心一點。原本是為了獲得他人的目光與認同才開始做的事，這些努力後來也化為成長的養分。與其對自己說：「有必要那麼認真嗎？」倒不如抱著「再試試看一定可以成功」的心態，努力不懈堅持到底，在過程中也能感受到樂趣。

與其事過境遷後再來後悔，倒不如鼓起勇氣嘗試，哪怕起步比別人晚也無妨，這股動力一直支撐我到現在，也是我的競爭力。我在人生中每一次做出抉擇時，都秉持著這樣的原則。每當這時候，生命總會再次為我展現魔法，帶給我全新的樂趣與更大的機會，讓我重新看見我以為已經結束的全盛時期。

人生遠比想像中來得長，若能放慢腳步堅持不放棄，深呼吸繼續走下去，定能看見截然不同的人生光景。就連原本認為糟糕透頂的事，過了一段時間後，也會轉化成美好的經驗。過去不堪回首的錯誤，或是令人心痛的回憶，一旦願意謙卑地接納後，也會轉變為成長的契機。當然，只有堅持到底，相信時間會證明一切，不斷努力的人，才會有這樣的體悟。多虧這些經驗的累積，讓我變得更成熟，不會因此感到疲憊，反而帶給我滿滿的能量。

那麼，當我終於學會游泳後，我開心嗎？豈止是開心，我簡直就是愛上了游泳。我很快地就熟悉水性，愜意地在水裡來回游了一個多小時，甚至會不由自主地在水中哼起歌來（有時還會因此被水嗆到！）。原本像是要把我吞噬掉的可怕液體，如今卻宛如被質地柔軟的綢緞包覆著身軀，讓我感覺到自己被深深支持著。

最近我還在練習以潛泳[2]的方式游十公尺以上，曾經害怕掉進水裡會死掉的我，現在反而覺得要一直浮出水面換氣很麻煩。今年夏天我還打算考救生員執照，如何？是不是很神奇？

2 指身體潛入水中所進行的泳姿。

2 重生！脫胎換骨的我

每到一年之初，我們總會許下一些新年願望。像是下定決心今年要戒酒（或少喝點酒？）、瘦五公斤回到昔日巔峰狀態、每週讀一本書等。二十五年前，在迎接新年早晨到來時，我也做出了人生中最勇敢的決定。那是我人生中最戲劇化，同時也是最有意義的決定——更正確地來說，是「決斷」。人生最大的轉捩點，就從那一刻開始，也因此造就了現在的我。

「從今天起，我要成為自己喜歡的樣子。」

沒有出眾的天賦，只能靠努力的自卑情結

我是一個極其平凡的人，個性非常內向害羞，比A型還要A型。從國小、國中到高中，成績都不錯，卻不敢交朋友，害怕與人親近。別說是當班長了，就連排長都沒當過。剛上高中二年級時，學校舉辦校外教學前往龍仁民俗村，母親特地幫我準備了海苔飯捲。到了用餐時間，我卻不知所措。因為當同學們三五成群地聚在一起野餐時，我沒有勇氣對大家說：「我可以跟你們坐在一起嗎？」最後，我一口午餐也沒吃，回家抱著母親痛哭。我哭著對她說：「考第一名有什麼用？野餐時連一起吃飯的朋友也沒有！」

個性怯懦的我，就算考到全班第一名、全校第一名，也依舊沒有改變。即使後來考上位於首爾的大學，學校排名也還不錯，仍舊無法提升我的自信心。

我對自己很沒自信，覺得自己沒有天賦，凡事只能靠後天努力。不是有一種孩子嗎？當別人問：「這孩子表現如何？」你可能會回他：「至少他很努力。」我就屬於這類型的孩子。世界上才華出眾的人多得不計其數，而我覺得自己唯一的強項就只有

努力。當我以這種不屑一顧的態度看待自己時，情況就變得更加嚴重。

如果沒必要開口，我很少主動發言，偏偏大學卻有許多需要靠討論才能完成的作業。某次，一位主持讀書會的學長，對兩、三個月以來一句話也沒說過的我說：「看來參加讀書會，對慶淑而言一點意義也沒有。」事實上不是這樣的，我卻沒能把自己心裡的話說出來。究竟我是說不出口？還是真的沒想法？又或者兩者都是？我是怕說錯話嗎？還是書讀得不夠多？內心千頭萬緒的我，回家後整個人像洩了氣的皮球似的，心情糟糕透頂。

當我漸漸地把自己縮得更小，習慣看輕自己，對自己也越來越沒自信，就這樣活了二十八年。當時還是男友的老公，甚至擔心地對我說：「妳這樣有辦法出社會工作嗎？」大學畢業後，我在服飾業短暫待了一年，接著和男友結婚，前往美國留學。但我的膽怯和懦弱，並未因此好轉，反而因為語言隔閡，變得更加嚴重。一個連用母語都無法好好表達的人，更遑論在一夕之間以不擅長的英語與人交談。

然而，在二十九歲那年，我的腦海中突然冒出這樣的念頭：我為什麼無法喜歡自己？我為什麼總是覺得自己一事無成，只顧著討厭自己？我真的要這樣繼續下去，把一切歸咎於天生個性，到了三十歲甚至終其一生都是如此嗎？大家總是說要懂得接納自己、愛自己。不要在乎別人的眼光，要愛自己真實的樣貌。我卻對自己現在的樣子感到懷疑，難道這就是真正的我嗎？我想要變得比現在更好，想要接近人群，覺得自己就像未孵化的蛋一樣，等待脫胎換骨一刻的到來。這種對自我的厭惡，讓我感到無比痛苦。

我問自己：「我的人生已經花了三分之一的時間在討厭自己，難道我真的想這樣過一輩子嗎？」

答案顯而易見——「不想，完全不想。」

逃離原本的自己，展開「重生」計畫

那麼，就從改變自己開始做起吧！不想再當那個讓我極度討厭的「我」了。我已經這樣活了將近三十年，接下來的人生，想以自己喜歡的樣貌生活。雖然大家都說人不會變，如果不能改變，那就「重生」吧！沒錯！脫胎換骨的重生！

經過幾天幾夜的思索後，我做出人生中的重大決斷，展開屬於我的「重生」計畫。這個計畫並不是要完全捨棄現在的自己，而是為了「拓展」自我，活出自己想要的樣子。

計畫的第一步，正是具體勾勒出未來理想中的自己。一直以來，個性怯懦消極的我，渴望成為怎樣的人呢？我開始慢慢尋找答案，決定改變的方向。我找到的答案是「我想成為和我完全相反的人」。想成為能夠主動親切地向別人打招呼，不只是熟識的朋友，就連遇到不認識的陌生人，也能攀談幾句，人緣很好的那種人——也就是過去三十年來，我最羨慕的那種人。

接下來，下一步就是讓自己進入一個新環境，創造出能讓自己重新改變的環境。我很在意別人的眼光，因此容易打退堂鼓。如果不希望受到別人影響，想要重新開始，就必須到一個沒有人認識我的地方。過去三十年來不敢主動與人攀談的我，即使像換個人似的，也不會有人覺得「妳今天怪怪的」，或是投以「妳瘋了嗎」的異樣眼光，我想在這樣的全新之地重新開始。

這意謂著我必須與當時一起在國外留學的先生暫時分開。唯有如此，才不會在想放棄時，一直想依賴著他。幾經挑選後，我選了一間離先生距離不會太遠，又能很快讀完ＭＢＡ課程的學校——內布拉斯加大學林肯分校。這間學校既能住校，成績好的話還可以換到額外學分，一年內就能完成五學期的碩士課程。對經濟不寬裕的留學生而言，是再好不過的選擇了。

一開始搬家時，我有一種「完全解放」的自由感。就好像旅行時到了陌生的地方，與陌生人相處時，會做出和異於平時的表現，或是變得莫名大膽一樣，不像原本的自己。說不定我們都在等待這樣的機會，等待一個能夠打破「自我」的框架，跨越自己設下的界線和制約的機會。我並沒有因為即將到來的新環境而感到焦慮，反而想到能成為心目中理想的自己，內心澎湃不已。

蛻變成全新自我的任務清單

三十年來舊有的性格，當然不可能在一夕之間扭轉。我知道如果不在生活中的每一刻、每天的日常生活中做出改變，是不可能有任何變化的。就連改掉壞習慣都很困難了，要改變過去的我，更是需要長時間的努力。誠如坊間許多自我激勵書籍所說，下定決心很簡單，成功的關鍵在於執行。

按照我自己設定的方向，我制定了幾項可執行的簡單任務：第一，在兩人一室的宿舍生活期間，積極認識宿舍朋友（主動和對方打招呼，邀約對方一起吃飯！）；第二，每堂課上課時，舉手表達意見或發問；第三，在小組討論作業中，擔任上臺發表的工作；第四，每天運動。

「無論如何，每天都必須完成這四項任務。」為了蛻變成全新的我，這四件事可以說是勢在必行。雖然看似簡單，但對我而言每天都是挑戰。因為要將過去三十年從未做過的事，變成一種日常習慣。我打開房門，到其他宿舍串門子，主動向別人自我介紹。我開始有了共進午餐、晚餐的朋友，也交到和我一起慢跑的朋友。每當過去那個害羞的小女孩又探出頭來時，我會在心裡對自己信心喊話：「我已經不再是那個害羞沒自信的小女孩，而是截然不同全新的另一個人。」為了蛻變成全新的我，「勤奮」是唯一途徑。

按照我所制定的任務列表，如果我想主動找宿舍朋友搭話，就必須先列出有哪些話題可以和對方聊；如果想在課堂上提問或發表意見，就必須事先預習；如果想用不擅長的英語，在一學期內擔任五至六次小組上臺報告的工作，就必須先寫下完整講稿。由於大部分同學都是英語母語人士，為了不造成同學的麻煩，我拼了命努力念書，只要教授在研究室，就會去找教授聊天，哪怕多說上一句話也好。就這樣整整一年，我每天都恪守這四項任務。

跑步，讓我離過去的自己越來越遠

是什麼讓我產生了真正改變？在重生計畫中最重要的項目，正是「每日運動」這件事。過去三十年從未運動過的我，一開始慢跑時，不僅腿部抽筋，甚至喘不過氣來，感覺胸口像是撕裂般的疼痛。然而，神奇的是，當我用大腿內側的力量奮力往前衝刺，運用腹式呼吸法克服氣喘問題，越來越能感受到自己的存在，聲音也變得更有力量。與運動後身體的疲勞和疼痛感成正比的是，我內在的自信心似乎也隨之提升。

由於體力增加，即使比高三讀書時睡得少，也不覺得累。在不知不覺間，我成了教授心目中的拼命三郎，教授還曾經打趣地說：「看來露易絲沒發問，我們就無法下課了。」我不再厭倦與人相處，就算一整天在人群中打轉，也絲毫不覺得疲憊。就連我也被自己的改變嚇到，原來只要勤於努力，就能喜歡上自己。原來喜歡上自己的這件事，也能變成習慣。直到三十歲，才第一次看見這樣的自己。跑步，讓我離過去厭惡的自己越來越遠，生活也開始朝著好的方向前進。

我一直很討厭過度努力的自己。不過，當我開啟自我意識的大門後，在背後推我一把，讓我能走出世界的力量，正是來自這份努力不懈的堅持。天下事並非一蹴可幾，生活就好像影印紙一樣，影印紙雖然很薄，但把一百張紙捆成一束，再把好幾捆的紙張放進箱子裝滿；把箱子堆疊起來，就能砌成一座牆面。這一張張薄薄的紙，就是每天一點一滴的累積。當我們持續堅持下去，就能累積成為驚人的實力和成果。

改變，從每天的小成就開始

改變是困難的，改變自己尤為困難，但並非做不到。如果你極度渴望改變，如果你能具體地在腦海中描繪出自己心目中渴望成為的樣子，並願意為此做出努力；不妨試著替這個目標制定幾項簡單的任務，只要堅持貫徹一年，就有可能辦到。任務越簡單越好，而且必須是可重複執行的任務。透過每天持續的累積，雖然無法立竿見影，但一年後就連你自己也會被自己的改變嚇到。而這一年，也會成為讓人生就此翻轉的第一章。

你或許會好奇，我是否真的脫胎換骨，就此變成完全不同的人？事實上，在我內心深處某個角落，仍無時無刻在與膽怯對抗。儘管我每天遇到的人眾多，每到週末和公司同事一起當背包客四處旅行，甚至在演講社團中擔任總召；但在初次見面的人面前，聊起關於自己的事時，仍會感到緊張不已。不過，現在的我，清楚知道如何在這場戰爭中贏得勝利。因為透過每天持續不斷的累積，親身感受到自己的改變，那段過去成了我最堅強的後盾，支撐著現在的我。

美國小說家傑森．莫特（Jason Mott）曾說過：「有價值的事情需要花時間，或許這就是時間的價值。」時間不會背叛你，只要相信並堅持下去，成為「最喜歡的自己」這件事，並沒有想像中的那麼困難。

3 即使撐不過三分鐘，依然學了劍道十四年

那天，外面下著傾盆大雨。我一如往常地在清晨醒來，然後前往劍道館。由於天氣實在太惡劣，館內幾乎沒什麼人。練習到一半時，天花板居然開始漏水。正當我納悶著這是怎麼一回事時，水滴突然變成水柱，水逐漸淹沒地面。我趕緊結束練習衝進淋浴間，結果連淋浴間也變成一片汪洋，這下該如何是好……我毫不遲疑地穿著劍道服拎起包包，迅速逃離地下室。外面也已成了水鄉澤國，停車場積水淹過膝蓋，車子無法行駛。在這樣的情況下，我只好下車步行到公司附近的地鐵站。

想像一下這個畫面，一名身穿深藍色劍道服的女子，在水及腰間的江南站街道上行走，我能感覺到路上行人紛紛對我投以異樣眼光。

寬鬆的劍道服褲也被水浸濕黏在大腿上，但我並不在意，仍在水中大步地往前走。問題是到了公司後，我的一身裝扮嚇到了一樓大廳的接待人員，為了躲避他人異樣眼光，我立刻箭步衝向電梯口，在心裡默默祈禱著：「拜託，電梯裡千萬不要有任何人。」

結果卻事與願違，電梯裡擠滿了將近二十個人。天啊！居然還有我認識的人。「那個，劍道館淹水了所以……」我低聲地解釋道。眼睛緊盯著電梯上升的樓層數，巴不得趕快進到辦公室。

只要撐過三分鐘就好

在Google裡，只要提到「露易絲」，大家就會問：「是那個會劍道的人嗎？」在過去十四年內，「劍道」這項運動儼然已經成了我的代名詞。我在四十歲那年開始學劍道，五十歲那年考到劍道四段。說來有點不好意思，不過現在的我，也可以稱得上是劍道教練。

許多人問我，這麼多運動當中，我唯獨鍾情於劍道的原因為何？我的答案是：「看起來很酷啊！」因為當同事或朋友問起最近在做什麼運動時，比起回答「上健身房」或「跑步」，如果回答「練劍道」，反應就會明顯不同。

清晨醒來後就不太容易再入睡的我，近十年來每天早上都是第一個抵達道館，負責開門進館內開燈。以擦道館地板作為一天的開始，對我來說是一種儀式，是準備好開啟一天的儀式。冬天時地板冷得像冰塊，夏天時地板因濕氣變得黏膩，也讓我藉此學會體貼他人。接著和同學們一起認真苦練，努力運動一個半小時後，即使在寒冷的冬天，依舊是汗流浹背。每天在熱血的氣氛中做完練習，然後所有的同學會雙手合十，以冥想作為結束。在冥想過程中，回想當天練習的狀態，同時讓身心恢復平靜——我喜歡練習劍道的每一刻。

然而，我的實力和對劍道的熱愛成強烈反比。我幫自己取了個綽號，在道館內人稱「電光石火」，說的就是我。如果是誇獎我的攻擊力如電光石火般迅速，那當然是再好不過的了。可惜的是，這個綽號的由來，是因為我輸掉比賽的速度猶如電光石火。我參加過區賽、市賽、全國大賽等無數場比賽，大部分的時間都是在等待中度過。等其他組全數比完，至少都要等上三、四個小時以上。

但令人喪氣的是，在歷經焦急漫長的等待後，我的比賽從開始到結束，卻只花了短短三十秒。對手很快就奪得兩分，我猶如電光石火般輸了比賽，回到原本的位置上。早上一大早出門，等到下午比賽結束，我上場的時間只有三十秒。因此，我的目標不是在比賽中獲勝，而是「撐過三分鐘就好」。

越想表現好反而越容易放棄

即使練了一年，實力依舊沒有增長；即使練了三年，似乎還在原地踏步。雖然頭腦可以理解，但當身體跟不上時，難免會開始懷疑為什麼運動讓自己壓力這麼大？是否該繼續這種會讓自己失去信心的運動？別人也跟我一樣嗎？待在道館的這段期間內，經常看到不少人練了三個月、六個月就放棄。

館長經常如此說道：「劍道這項運動最難教的初學者，正是社會上的成功人士。學生或年輕人很容易撐過一年，但社會上所謂的成功人士們，卻往往撐不到一年。這是因為他們不習慣剛學習新運動時的生疏感，再加上無法克服失敗的挫折感，覺得自己表現很差勁，就算花時間練習，也看不到任何成效，因此很快就放棄。」

或許是因為無法接受不管做任何事都很厲害，到哪裡都備受肯定的自己，卻連一項運動都做不好吧！在職場上一路順遂，不斷升遷的高成就者，難以接受自己在運動這方面落於人後的事實。不僅無法贏過別人，再怎麼努力依舊徒勞無功，那種心情遠比想像中來得更糟糕。尤其是看到年輕人明明起步比自己晚，實力卻超越自己，心裡更是難受。

是 Google 裡年紀最大的職員又何妨？

在 Google 裡忙碌地度過了一年又一年，我在公司的年齡排行也躍升至前幾名，最後我終於變成公司內年紀最大的人，成為在 Google 服務最久的員工，比我晚進公司的人，遠多過比我早進公司的人。有一天，我突然覺得：「我都這把年紀了，還能繼續勝任這份職務嗎？」

在Google韓國工作十二年期間，執行長換過三次，我的直屬上司亞太地區公關總裁也已經換過四次。每次都是來自不同領域背景的人，個個都是菁英，能力出眾備受肯定。然而，每次看到年紀比我輕的人，爬到比我高的位置時，總是會忍不住心想：「為什麼不是我？」到了美國後，這種情況變得更嚴重。因為與我一起共事的其他總監，或位於總監之上的副總裁，大部分（事實上是全部）年紀都比我小。

但比較永遠比不完，一旦因為顧慮年齡開始自我設限，所有的一切就會像踩煞車一樣停滯不前。倘若總是習慣脫口說出：「我都這把年紀了，還得要做這種事嗎？」就會覺得自己毫無立足之地。

每當我開始顧慮年齡問題，就會想起劍道的謙卑。劍道不在乎年紀或經歷，只在乎實力。事實上，每次練完劍道後，我們都必須個別向高段位教練行禮，並針對練習的過程進行檢討。高段位教練在陪練完之後，會給予詳細的反饋。這時候，經常可以看到五、六十歲白髮蒼蒼的練習生，畢恭畢敬地跪在二、三十歲的年輕人面前的畫面。年長的練習生以誠懇的態度，向年輕的高段位者請益，或針對自己需要加強的地方進行提問。這一刻，總會讓我再次體認到，無論是年紀也好，經歷也好，在實力面前都毫無用武之地。

學會謙卑，才能保有高度熱情

當我還是劍道一段時，我曾到日本拜訪一位劍道八段的師傅。他指導過眾多選手，在日本相當有名。他為了迎接從韓國來訪的我和館長，轉搭了好幾次地鐵，親自去市場採買，親手為我們準備蔬菜和海鮮料理。在煮飯的過程中，他甚至不讓其他日本選手們進廚房。他就像「稻穗越飽滿，頭就越低」這句格言一樣，並不貪求獲得八段位者的禮遇，而是凡事親力親為不辭辛勞，以身示範謙遜的態度。

「啊！我也好想成為那樣的人啊！」和他見面後，我下定決心終生奉行劍道哲學。降低自己的身段，認同並敬重他人，內心別無所求的狀態，稱之為「謙卑」。在這個重視自尊感與自我行銷的時代，有些人認為強調謙卑是不合時宜的，也有人會擔心如果降低自己的身段，別人可能會瞧不起自己。然而，每天一如往昔地擦地板，替一起流汗練習的夥伴們加油，日復一日重複著同樣的練習，就算輸了也不會有所動搖，對勝負了然於心的那種「謙卑」是截然不同的。

那是一種即使擁有不亞於任何人的強大實力，明早醒來後，一樣得從基本功開始練起的態度。或許正是因為這種謙卑的態度，才能對人生和世界保有高度的熱情，致力於成為像這樣莫忘初衷、永保熱忱的人。

三年前我一到美國，最先打聽的就是附近哪裡有劍道館。除了疫情期間被迫居家隔離的那段時間外，仍持續不斷地練習劍道。不久前，我加入了加州地區女子劍道團練，以正式比賽方式進行練習。練習過程中，遇到了一位劍道三段的選手，我用盡全力先發制人，整場比賽攻防不斷。就在我和對方都筋疲力盡之際，聽到了三分鐘時間到的鈴聲響起。雖然一分也沒擊中，雙方打成平手，但能撐過三分鐘沒有馬上輸掉比賽，我已心滿意足。

4

如果想做的事情讓你感到痛苦

二〇〇九年，當時Google韓國區域行銷經理的職位突然出現空缺，有一段時間由我代理，同時負責行銷和公關的職務。之所以如此安排，是因為這是一個不能長期空缺的職位，再加上我有行銷的經驗，高層便指派我接手這項工作。當時掌管全球公關部門的瑞秋．威史東（Rachel Whetstone）副總裁，在決策過程中對我再三叮囑。

「露易絲，如果妳不想接任這個職位，妳可以拒絕。只是我認為這對妳來說是個機會，希望妳可以試試看。同時兼任行銷和公關這兩項工作，在公司內部可以說是史無前例，是全球第一個先例。但妳不必擔心，到時候如果真的太累，忙不過來，儘管跟我說，隨時都可以卸下這份工作。」

在瑞秋執行副總之上，正是Google創辦人暨CEO賴利·佩吉（Larry Page），因此她所給的建議和指示，影響力遠超乎想像。我很高興獲得最崇拜的領導者認可，而且對她的判斷充滿信心，便欣然接受提案。就這樣，在將近兩年的時間內，我同時負責Google韓國行銷與公關業務。

明明是如此渴望之事

起初，由於被冠上Google史無前例的頭銜，為了不辜負公司的期待，每件事我都做得很起勁。當時公司正處於草創初期，部門成員不多，要做的事情卻是堆積如山。既要處理日常公關業務，又要負責行銷主管的工作，我的工作量不是比原本的多出兩倍，而是多出三到四倍。每個月都有要推出的產品和服務，再加上當時Google在韓國知名度不高，要推廣Google搜索引擎，還有很長的一段路要走。

除了外部廣告行銷，還有許多內部工作要完成。在區域行銷經理的工作中，最重要也最花時間卻不為外人所知的工作，就是針對使用者觀看的所有網站進行最終審查。不光是產品頁面，就連說明頁面也必須一一檢視。如果沒有完成審核，產品就無法上市，即使是一個小產品或功能，也可能有好幾十頁，甚至好幾百頁的資料需要審視。我上班時，往往在兩個部門之間來回奔波，到處參加會議，一整天就這樣結束了。直到吃完晚餐後，我才開始做原本真正的「工作」，挑燈夜戰處理各種待辦事務，日復一日過著這樣的生活。

被工作追著跑的那兩年內，我整個人身心俱疲，加班到十二點是家常便飯，甚至經常忙到超過凌晨一點才下班。每天只睡兩、三個小時，就連週末假日也不例外。儘管如此孜孜不倦地努力工作，卻連 Google 搜索引擎市占率能不能爬升至個位數都不知道，壓力真不是普通的大。

雖然壓力有一部分來自於成果不如預期，但最讓我感到頭痛的是，兩個部門的文化與營運方向大相逕庭，公關必須看大方向，行銷卻必須深入分析。儘管隸屬於同間公司，各部門的領導風格也不同。我開始厭倦像這樣穿梭在兩個不同部門的日子，我的個性是不管做什麼都非得做出一二〇%的成果，但同時掌管兩個部門，做出來的成效卻不如預期，我甚至覺得自己辜負了公司的期待，每天都過得很痛苦。

我想，該是時候做出決定了。Google 韓國組織逐漸擴大，由一個人掌管兩個成長中的部門，以長期來看對所有人都不是件好事。再加上這段時間內，我都是被工作主導，而不是由我主宰工作。像這樣失去主控權，被工作牽著走，我根本沒有心力顧及個人成長。

我不能再這樣下去了

就這樣糾結了一段時間，某個星期天晚上，一如往常工作的我，整個人突然崩潰，變得好討厭星期一的到來。雖然聽起來像謊話，但我曾經是很期待星期一到來的人。因為太喜歡工作，很希望週末快點結束，就可以進公司和同事一起工作的我，甚至還在大庭廣眾之下說出「我好期待星期一的到來！」而被組員們撻伐，現在竟然如此害怕星期一上班這件事。

霎時間，我的眼淚奪眶而出。書桌上的筆電還開著，我趴在桌上嚎啕大哭了起來。我怎麼會變成這樣？我明明就不是那樣的人，明明是做自己喜歡的事，這到底是怎麼一回事？就這樣哭了好一陣子，或許是爆棚的情緒在對我發出警訊。我總以為放棄就輸了，所以一直苦撐著，但現在該是放手的時候了。哭完後，我的思緒變得更加清晰。過去兩年來我無怨無悔地努力過了，但現在真的不能再這樣繼續下去了，我必須做出取捨。

內心的糾結並沒有持續太久。一小時後，我主動傳了訊息給執行副總瑞秋。

「嗨，瑞秋。」

儘管美國時間是星期日清晨，她卻不到兩秒就回我訊息：「怎麼了？還好嗎？打電話給我吧。」

哇，她怎麼知道我在想什麼？我立刻撥了通電話給她。她一接到電話，開頭第一句就問我：「嗨，露易絲，妳還好嗎？」聽到她溫柔的聲音，好不容易止住的淚水又瞬間潰堤。

「瑞秋，妳之前曾經說過對吧？如果哪天我不想做了，隨時都可以放棄，還記得嗎？」

瑞秋回答：「當然記得。」

「我想或許就是現在，我已經無法同時負荷兩個部門的工作，只能負責公關部門。」

聽完我說的話之後，瑞秋沒有提出任何質問，而是對我說：「行銷部門的工作妳做到今天就好，明天我會再跟行銷副總說。別擔心，掛上電話後，就關掉電腦出門去散散心吧！」

即使面對一位四十多歲的主管，嗚咽著打電話給她，但瑞秋並沒有被我嚇到，反而直接指出重點，冷靜地提出解決方案。我原本就對這位被公認具有睿智洞察力的領導者景仰不已，從那天過後，更是打從心底崇拜瑞秋這個人。過去三十多年來在職場上，這是我第一次在主管面前掉淚。隔天，我重返公關總監的位置，專職處理公關部門的工作，感覺像是結束了漫長的徬徨。

這世界讓我們對「放棄」這件事有極大的恐懼，坊間幾乎所有自我激勵書籍，都叫我們不要輕易放棄。一旦放棄了，會讓我們覺得自己像是落後的失敗者，陷入自責當中。然而，重要的並不是放棄與否，而是在於如何放棄。我雖然捨棄了其中一條曾經走過的路，但我並不認為那是放棄。我的決策方式很簡單，就是去思考做這件事時是否開心？是否樂在其中？因此做了決定就不會後悔。比起中途放棄的挫敗感，更讓我感到開心的是，我總算找到自己要走的路。

這兩年來，我嘗試挑戰別人做不到的事，應該為自己感到驕傲。我告訴自己：「我已經盡了最大的努力，做了所有我能做的事，就無須後悔。」

現在這份工作讓你感到開心嗎？

生活中難免會碰到這樣的情況，原本很想做的工作，在某一刻突然變得很討厭。「明明是喜歡的工作，為什麼會變成這樣？」當出現這樣的想法時，卻也很難跟旁人傾訴自己的苦衷。因為別人可能會覺得：「你不是喜歡才會選這條路嗎？少在那邊無病呻吟！」我是真的不喜歡這份工作了嗎？還是熱情消失了？

許多後輩在考慮辭職或轉換跑道時，他們會對我這麼說：「我不確定這份工作是不是我該走的路，我對工作毫無熱情。」所謂的職涯規劃（Career Navigation），一般是指找到自己喜歡的領域，並在該領域中發揮所需的能力。簡單來說，朝著熱情所在的方向前進，就表示職涯規劃成功。但問題是，我們所感受到的熱情，很難每天維持在同樣的水平。因為我們是人，當日復一日重複做同樣的事情，還能保有一成不變的熱情，我想只有機器人才辦得到。

在做出正確判斷之前，必須先找出自己不想做這份工作的原因。可能是單純個性不適合，或是不喜歡主管或同事、厭倦重複性太高的工作、陷入墨守成規的窠臼、找到自己真正想做的事……等各種原因。若是清楚知道自己不想做這份工作的原因，那是最好不過的事了，因為不必猶豫，做出決定後，就可以立刻開始做自己想做的事。然而，大部分的人卻連自己不想做這份工作的原因、辭職後想做什麼工作都不知道，只是失去對工作的熱情。

當你對工作只剩下倦怠、厭煩，陷入極度煩悶的狀態時，必須先了解是什麼狀況造成自己有這種感受，並找出跳脫這些情緒的方法。即使現在很痛苦，即使被老闆百般刁難，也絕對不要意氣用事、衝動離職，而是讓自己冷靜下來，做一些別的事情，花時間思考自己究竟喜歡做哪些事情。

因此，我通常給出的建議是：「拓展自己目前的工作項目」。你或許會覺得：「是要我做更多工作嗎？」光聽可能就讓人感到頭痛。但我的意思其實是，假設你現在百分之百的時間和心力，都在做幫娃娃組裝眼睛的工作，試著挪出其中的二〇%嘗試組裝手臂，讓自己到處去看看，拓展自己的眼界。暫時跳脫原本正在做的工作，在過程中去摸索自己需要的是什麼。

或者，也可以在其他領域發揮自己的能力，嘗試進行「熱情專案」，讓自己重拾自信。所謂的熱情專案，就是以興趣為導向，利用業餘時間進行屬於自己的個人專案，透過從事社會服務或志工活動，進而充實內在，讓過往的熱情死灰復燃。就像如果因為太累沒力氣運動，反而會讓肌肉流失一樣，內在的動力也會越來越薄弱。倘若對目前從事的工作不再感興趣，或感到了無新意，不妨去做一些你認為有價值的事。當內在充實滿足時，就能重新展開朝氣蓬勃的生活。

尋找讓熱情持續燃燒的柴火

沒有人比自己更清楚，做什麼會讓自己感到開心？做什麼會讓自己有所成長？最後，我想提出的建議是，試著找出能讓熱情持續燃燒的柴火。

不久前，我偶然在山景城廁所牆上，看到「廁所裡的學習」（Learning on the Loo）單元裡，張貼著與工作幸福感有關的內容：享樂適應（Hedonic Adaptation），也就是所謂的「享樂跑步機」現象。當我們從事自己喜歡的工作時，幸福感會增加；但一段時間後，幸福感會逐步下滑，回到原本的水平。即使是經歷負面事物，情況也是如此，低落的幸福感也會逐漸恢復到正常水平。換句話說，無論是大喜或大悲的生命經歷，我們在心理上最終仍傾向回到平穩狀態。而熱情是影響日常幸福感的重要因素之一，當然也會出現享樂適應現象。

然而，有些事物會讓幸福感維持比較久，稍微比較慢回到原本的水平，像是新工作、升遷、他人認同、收入增加……等，在這些能讓熱情持續燃燒的眾多因素中，哪些事物可以讓熱情維持更久而不會冷卻呢？每個人內心讓熱情持續燃燒的柴火都不同，但我可以很肯定地說，大部分的人基於內在動機完成某件自己渴望的事，並在過程中覺得自己不斷成長時，對這件事的熱情就會持續更久。此外，朝著自己追求的價值觀或信念前進時，也能讓熱情持續延燒。

我也曾花了無數個日夜思考自己的職涯。過去三十年來，遊走在公關與行銷之間，我清楚知道什麼工作會讓我更有熱情。在Google任職的十五年當中，我也一樣不斷在思考如何才能讓熱情持續燃燒，並尋找讓自己保有「第一天」熱情的方法。在二、三十歲時，我更喜歡高薪又有名氣的工作。但隨著年齡的增長，我開始意識到，當公司與我的價值觀不符時，對工作就會提不起勁。幾經思考後，以下是我找到讓自己熱情持續的要件：

- **「我做的事情是有影響力的嗎？」**
- **「每天都有學習到新的事物嗎？」**
- **「我是否持續成長？」**
- **「我的工作是否對他人有所幫助？」**

現在，我的目標很簡單。我想成為一位優秀的領導者，讓別人想和我一起共事，成為別人心目中的榜樣，讓別人可以從我身上有所學習，哪怕只有一點點也好。此外，我再也不會被其他事情所困擾。當要走的路很明確，就不會再被其他事物影響，專注地朝目標前進。光是這樣的想法，就能讓我每天充滿熱情。

倘若你對現在的工作極度厭惡，一想到要上班就害怕星期一的到來，與其陷入情緒的泥沼中掙扎，不如盡快為自己找到解決方法。在放棄之前，還有很多事情可以做。最重要的是，找出自己熱衷的事物，讓自己重拾熱情。

5

在退縮前，先把事情完成

有別於我想到什麼就做什麼的急驚風個性，兒子菲力普做每件事都慢吞吞。雖然看了讓人鬱悶，但我盡可能避免嘮叨，唯獨一次例外。那次他和朋友吵架，卻因為彆扭而遲遲不肯向朋友道歉。

「媽，我等等再跟他道歉。」他話雖這麼說，卻露出一臉不情願的表情。於是，我告訴兒子：「菲力普，越是難為情的事，越是要盡快做完，這樣才不會一直把難受的情緒放在心裡。」

讓大腦和雙腳零距離

沒錯，越是難為情的事，越是要趕快做

完。如此一來，我骨子裡猶豫不決的A型性格才不會跑出來。一想到什麼就去做，如果拖太久，最後只會想到阻礙，替自己找一堆做不到的理由和藉口推託，這就是人性。就像大家在開會或聽演講時，到了問答時間，一想到：「我這裡聽不大懂，要舉手發問嗎？」就已經緊張得心跳加速。等真正輪到自己發問時，更是緊張到無以復加。當我們想得越多，就越容易退縮。但如果一有想法馬上舉手，反而沒有時間緊張，也會覺得似乎沒什麼好緊張的。

我在自我介紹時，經常會說：「我是大腦和腳距離最近的人。」（某種程度上也是在自嘲自己個子矮……）意思是我是一想到什麼，就會立刻行動的人。每次開完會，我會根據會議結果盡快整理出後續方案；聽說某本書的評價不錯，大家想舉辦讀書會一起共讀，過了一個禮拜後，真正買書閱讀的人也只有我；當朋友或家人說要出去玩時，我當天晚上就會排好行程，並事先訂好機票和住宿；假日早上起床一睜開眼，只要冒出「今天好想在海邊喝杯茶」的想法，就會立刻起身前往停車場，接著車子便已開到一號海岸公路。我只要一想到什麼，就會立刻行動，行動力比別人強上許多（豈止是強，簡直是龍捲風般的行動力）。

不去做，任何事都不會發生

沒有行動，再好的想法也只是空想。創投資本家最常說的一句話就是：「任何人都可以想出好點子，重要的是把想法化為具體可執行的原型（Prototype）。」對創投資本家而言，影響投資決策的關鍵不在於想法本身，而是想出想法的人是否值得信任，並能將想法化為行動。

撇除生產力不談，必須將想法付諸行動的原因還有很多。最重要的原因在於，行動能延續熱情，保有積極正向的心態。我們內心的熱情很容易被點燃，卻也很容易熄滅。當你因為某個契機燃起熱情時，若能馬上付諸行動，就比較容易延續這股熱情。

無論想做什麼，只要開始，就已經成功了一半。因為一旦付諸行動，就會有所不同。想大掃除嗎？不要猶豫，立刻展開行動吧！看完非洲馬利共和國幼兒死亡相關紀錄片，心裡覺得很難過嗎？當下就直接捐款吧！如果心想著：「我晚點再來捐款。」過一陣子就會改變心意，心裡開始產生拉鋸，捨不得把錢捐出去；聽完某場激勵人心的講座後，下定決心告訴自己：「嗯！我也要開始認真學英文。」就必須從今天開始做起。如果不這麼做，學英文的動力和欲望很快又會消失。

當然，做任何事都有優先順序，再加上若未經全盤考慮就貿然行動，有時也會造成不必要的浪費。不過，比起總是躊躇不前到頭來什麼也沒做，不妨先試試看再說。不要把精力浪費在畏縮、顧慮和猶豫消耗上，同時記住這句咒語，那就是：「困難的事情要先做！」

6

體力是「成就」所有事情的魔力

每年十月，Google 都會舉辦為期一個月的「健走挑戰賽」（Walk-tober），比賽名稱是由十月（October）和健走（Walk）這兩個單字各取一部分結合命名而成的。比賽的目的是鼓勵大家在天氣最好的月分中，盡可能以步行代替開車。大家每天走路的步數都會顯示在計數板上，也會依照部門分組進行團體賽和個人賽。來美國這三年內，我每年都是公關部門第一名。平均一天走三萬步，其他人根本望塵莫及，總是笑著對我說：「露易絲，我們完全追不上妳。」

別的不敢說，唯一對體力很有自信

在Google，擁有亮眼履歷和出眾實力的人才比比皆是，但我唯一有自信的事，就是我的體力。身為平凡文科生出身的亞裔人士，年屆五十歲仍在職，若說我的競爭力是來自於體力，一點也不為過。憑著不屈不撓的體力，讓我即使日以繼夜籌備接踵而來的重量級專案，或是到國外出差尚未適應時差的狀況下，隔天都還是一樣生龍活虎。

體力可以說是人生的潛在動能，讓我們得以繼續前進。我只要醒來一睜開眼睛，就會去晨跑一小時，晚上走路一小時；每到週末當背包客去旅行，或是練劍道和游泳。比起二、三十歲時，現在的我會花更多時間投資在健康和運動上。我平時幾乎從不對後輩們嘮叨，但卻經常告訴他們：「不要覺得運動是浪費時間，運動跟學英語一樣重要，花點時間好好鍛鍊體力吧！因為體力也是一種實力。」

韓劇《未生》中，男主角張克萊的父親曾囑咐兒子：「如果想要贏，就必須先有一副能夠承受住所有問題的身體。」當一個人體力不好時，很容易就想休息，耐心也會被磨光，而且在疲憊不堪的狀態下，根本無暇顧及輸贏。沒錯，有時累過頭時，腦袋就會昏昏沉沉的，呈現像當機一樣的狀態。假如心裡想著：「萬一失敗了怎麼辦？我好像做不到。」自然會害怕面對新的挑戰。當睡意來襲，內心沒有餘裕時，怎麼可能再繼續前進？在發掘自己的潛力前，萌生放棄的念頭是很正常的。

我相信創新的思維和點子並非與生俱來，而是來自身心的餘裕和行動力。激發出創意思維、向旁人請益、研究並嘗試挑戰，所有的前提都在於體力上的「餘裕」。

在我的書桌上，貼了一張特別的貼紙，上面寫著：「這個怎麼樣？」「啊！我週末突然靈光乍現，你覺得這個怎麼樣？」「啊！我昨晚忽然想到，你覺得這個怎麼樣？」同事們說這是我最常說的口頭禪，為了逗我開心，特地把這句話做成貼紙送給我（雖然可能也是在取笑我……）。

我們必須要充滿活力，才能邁開腳步勇於提出想法和建議。這也意味著，在瞬息萬變的環境中，保有充沛的體力，才能不斷持續思考，成為「長遠思考者」（Long-term thinker）。總是活力充沛，靈感源源不絕的人，就能創造出屬於自己的品牌。這也就是為什麼會說，體力是「成就」所有事物的魔力。

體力，持久的習慣

如果職場生活只有三年或五年，就不需要考慮體力的問題。然而，職場生活若超過十年、二十年、三十年，希望到五、六十歲都還能持續做自己想做的事，那又另當別論了。原本三十多歲做的日常工作，到了四十歲後會開始變得有些吃力，身體也會經常感到不適和疲憊。一般來說，四十歲成為中階主管後，開始要管理自己的團隊，同時也必須掌握其他部門的運作方式，了解如何與他們合作才能創造雙贏，需要不斷地拓展思維並創造出更大的願景，這才是中階主管和 C 級主管（C-suite，公司中所有高層管理職位）必須具備的競爭力。

然而，倘若體力和狀態不佳，就不可能做到。事實上，根據研究結果顯示，前五％表現出眾的人，每週運動時間平均比其他人高出四〇％。運動不僅能提升專注力和體力，同時有助於減緩焦慮和壓力，更能培養持續工作的恆毅力。身處在瞬息萬變的世界中，為了不隨波逐流，並找到自己的重心，必須要鍛鍊身心，成為最後的堡壘，鍛鍊體力也可以說是職涯投資的一環。

比目標更重要的是方向

那麼，要如何鍛鍊體力呢？

只要好好吃飯、好好運動、好好睡覺就好。每天好好吃飯、認真運動，再加上好好休息養精蓄銳，懂得照顧好自己，堅持這一連串的習慣，就不會容易感到倦怠無力。在鍛鍊身體和心理肌肉的同時，若能培養出堅持不懈的毅力，即便遇到任何困難，也都能迎刃而解。無論在職場或是在人生中，皆是如此。

但問題在於持之以恆，堅持才是最困難的事。相信大家都曾有過新年設定目標卻失敗的經驗吧？下定決心一週運動四次、每週只喝一次酒、每天喝水兩公升等，甚至在一開始的前兩週，都能超標完成。「只不過……」在實踐目標的過程中，總會冒出一些意料之外的事，像是家族聚會、公司聚餐、熬夜加班到隔天早會……一旦目標無法如期達成，信心會開始逐漸瓦解，會因為自己無法堅持目標而產生罪惡感，陷入自我撻伐的泥沼中。如此一來，每次下定決心做一件事，最後總是半途而廢。這也是為什麼會有「三天打魚，兩天晒網」這句諺語，指的就是下定決心後，卻堅持不了三天就放棄。

所以，意思是不要下定決心嗎？並非如此。在漫長的人生中，想要擁有持之以恆的動力，就必須以更長遠的角度來看待這些事。比起目標，更重要的是方向。目標和方向有何不同？舉例來說，與其設定「每天攝取多少卡路里、一週運動四次、某個期限前要減重幾公斤」的目標，倒不如朝「維持健康生活」的方向前進；與其設定「今年一定要升遷」的目標，倒不如朝「在專業領域中，成為任何人都問不倒」的專家之路前進；與其設定「每週和孩子聊天五小時」的目標，倒不如朝「和家人共度愉快的一年」的方向努力。針對健康、家人或專業度等各方面，你可以用一個字或一句話，寫下想要努力的方向。

倘若將方向設定為建立健康的生活型態，就會選擇喝水，而不是碳酸飲料；選擇黑咖啡，而不是加滿糖漿和奶油的咖啡；即使因為忙碌無法運動，也會尋找替代方案，像是多吃對健康有益的沙拉餐。透過這種循序漸進的方式，就能朝自己設定的方向更靠進一步。有時候可能無法做到，但只要方向確立，就不會為了一天的「失敗」而感到失落，也比較不會半途而廢。

持續運動三十年的訣竅

運動是培養自我效能感最好的方法。所謂的自我效能感，就是相信並期許自己可以做到某些事。當克服想要躺下來休息的欲望並開始運動後，心情會變得格外踏實。戰勝自己並能主宰自己的身體時所感受到的成就感，會讓自己產生信心，相信自己只要下定決心，就沒有任何事情可以難倒我，包含運動在內。儘管生活中充斥著太多的不如意，但至少我能為我的身體做決定，光是這件事就令人充滿希望。無論工作多麼疲累，透過運動重新調整自己呼吸後，再大的痛苦都能煙消雲散。

那麼，要如何做到堅持運動不懈怠？持續運動超過三十年後，我掌握到幾項重要訣竅。第一，從事有趣、看起來很酷的運動。當我開始練劍道後，大家總是習慣把我和「劍道」畫上等號，一看到我就會問：「妳現在還在練劍道嗎？」雖然只是閒聊，但當越來越多人記得我練劍道這件事，時不時就會問我，就會讓我有意識地強迫自己持續練劍道。或許看起來有些幼稚，對我而言卻相當有效。就算昨晚聚餐再晚結束，深怕隔天一早有人會問：「妳昨天有運動嗎？」我依舊會勉強自己去運動。把他人的眼光當成動力，藉此強化自己的習慣和身分認同。當持續堅持做某件事時，也能成為自己的特色。

第二，參加比賽之類的活動。對重複的日常感到厭煩時，透過參加活動，能為生活注入新的氣息。在我體力巔峰期，曾經跑過全馬六到七次，還經常參加二十一公里的半馬。當你設定目標參加比賽或突破自己的紀錄時，對於平常在做的運動，也會變得更有動力。每次登山或長途健走完後，對我來說也會有一種贏得比賽的成就感，也是很適合持續的運動。

第三，盡可能在能不受外在因素影響的時間運動。由於我晚上經常有約或需要加班，很難每天持續運動。尤其專案工作繁重，再加上頻繁出差，在時差不同的情況下，既定的行程很容易被打亂。因此，我總是會習慣早起，固定在早上運動，時間上比較能靈活運用。當然，每個人的生活模式不同，有些人是晨型人，有些人是夜貓子，重點在於找到適合自己的時間段運動。

最重要的是，下定決心後就不要拖延。在職場生活中，難免會碰到計畫趕不上變化的情形。當計畫被打亂後，我們很容易會心想：「那不然下個禮拜再開始好了，還是下個月再開始？」就把計畫往後推遲。要知道，這世界本來就沒有百分之百完美的計畫，只要朝著你想要的理想生活方向前進，即使今天的計畫被打亂，明天再開始就好。一兩天沒達標也無妨，昨天沒做到，那就從今天開始；今天沒做到，那就明天再開始。

只要往前一步，再一步，像念咒語一樣專心致志，全神貫注地投入在運動上，工作一整天後的疲勞和焦慮的心情，也會跟著平靜下來。以強大的身心作為後盾，就能堅持不放棄，持續做自己想做的所有事。

「堅持下去吧！反正到最後拼的是體力。」

7

一生想做的事怎麼可能全都做完？

不久前，在兒子菲力普大學畢業典禮的那天，我正準備前往波士頓。偏偏公司舉辦的Google I/O（開發者大會）在即，身為核心團隊成員的我，在大會前夕忙得焦頭爛額。筆電上開啟的視窗超過六十個，聊天視窗也多達十個以上。我全神貫注地投入在眼前的工作上，希望在出發前往機場前把工作做完。然而時間卻毫不留情，鬧鐘聲響起，提醒我該出發了。「我中午沒吃，看來連吃點心的時間都沒有……」原先預計四分鐘後才會抵達的Uber，已經在大門口等候。我就連坐在車上，也依然放不下工作，但等回過神來抬頭一看，我人已經在舊金山機場。

「請問您要到哪個航廈？」

「A航廈。」

此時，司機突然瞪大眼睛說：「咦？這裡的航廈是以數字去編號的耶！」

原本正在埋頭工作的我，聽完他的話後大腦瞬間清醒。啊！我要去的不是舊金山機場，應該是聖荷西機場才對。看到我一臉尷尬的表情後，親切的司機大哥像是自己遲到一樣，開始飆速趕路。唉！我整個人忙到暈頭轉向……在分秒必爭的日常生活中，就算再怎麼努力做好時間管理，還是會經常發生類似的錯誤。

每個人一天都只有二十四小時

時間對每個人都很公平，無論是富人、窮人、工作認真的人、閒閒沒事的人、老人或學生，每個人一天都只有二十四小時。時間真的很公平，都一樣「不夠用」。尤其是職業媽媽，既要上班又要兼顧育兒；為了自我成長，下班後還要去補習或是讀研究所；到了週末假日，要帶孩子去旅行、去運動，享受休閒生活。但一天只有二十四小時，不可能做完所有事情。一句「沒時間」，讓我們放棄了許多事。為了工作，放棄休閒生活；為了帶孩子，放棄運動；為了去旅行，放棄自我成長。

然而，如果因為時間不夠用，以致於被迫放棄許多事情，到最後只會剩下為了餬口而工作的疲憊感和空虛感而已。這樣的狀況持續下去，以短期而言，雖然看似只是暫時無法做某些事；但從長遠來看，不只是工作，就連日常生活，甚至是整個人生都會陷入愁雲慘霧。當我們不再被時間追著跑，能夠多花一些時間在自己身上，成就感和幸福感也會跟著提升，因此我們會想盡各種辦法，把時間切割得很零碎，盡可能地去完成我們想做的事。

我其實也是分秒必爭地在過日子，因為想在理想的時間，用理想的狀態，做自己想做的事。事實上，來到美國後，由於要和世界各地不同時區的人工作，我的時間管理必須做得更精準，不然工作根本做不完。就連同事都忍不住虧我：「你是不是有分身在幫你工作？」可想而知我的工作量有多龐大。再加上我已年屆五十四歲，就算可以活到一百歲，往後的日子也剩不多了（嗚嗚），因此更珍惜眼前的一分一秒。

那麼，該如何管理寶貴的時間呢？通常我們會規定自己在一定的時間內，完成預計要做完的事。很像小時候每到寒暑假時，我們會滿懷期待地製作生活規劃表，耗費許多心力，用圓規和尺畫出工整的規劃表並著色。但畫完密密麻麻的規劃表後，那天反而會因為太累什麼也不想做。結果到最後，整個假期什麼也沒做，就這樣結束了。

不只小時候，就連長大後出社會工作也是如此。我們總是制定做不到的計畫，被計畫追著跑。如果想要兼顧工作、育兒、學習、興趣和美好的假期，不想錯過任何一項，就必須先規劃好方向。接下來，我會告訴大家如何成為時間的主人，把二十四小時過得跟四十八小時一樣，這套方法又稱為「創造奇蹟的日常」。

成為時間的主人——Google人的奇蹟日常

創造奇蹟的日常第一項原則是：善用早晨時間（沒錯，大家總是掛在嘴邊說希望自己能早起，或許是時候可以試試看）。早上醒來睜開眼睛後，應該盡快起床，不要賴床。如果每天遲到三分鐘、五分鐘像是家常便飯的人，不妨回想一下早上醒來的第一件事是做什麼？很有可能是躺在床上漫無目的地滑手機。對於上班族而言，早晨是能發揮最大效益的黃金時間，盡可能好好把握，不要浪費早上的這段時間。

早起多出來的時間，要如何運用完全操之在己。無論是運動、冥想、閱讀、學英文，早晨是只屬於自己的時間。起初，我一早起床忙著帶孩子上學，但擔心自己上班會遲到，總是用不耐煩的聲音催促孩子。不只身體疲憊，精神上的耗損也很大。明明應該是要充滿活力的早晨，全部的精力卻都耗費在負面事物上。於是，我索性放棄早上帶孩子上學這件事（當然也是因為婆婆幫忙帶小孩才辦得到）。在孩子熟睡的臉龐上印上一吻後，我躡手躡腳地換上運動服出門運動。不過，我會盡量早點下班，晚上回家後幫孩子看作業，陪孩子一起玩，花時間陪伴孩子。對職業婦女來說，能擁有早晨這段只屬於自己的時間，是相當重要的。（我明白這有多難！）

創造奇蹟的日常第二項原則是：活在當下（Be Present），百分百專注在當下正在做的事。對忙碌的現代人而言，同時處理多項工作，被視為是二十一世紀人類必須具備的能力，也是成功的關鍵之一。然而，就像在用餐時進行視訊會議、開會時又與旁人聊天或閱讀信件，在同時間內處理許多事務，就無法完全專注在自己正在做的事情上。在開會時心不在焉地滑手機，事後壓根不記得會議中討論的事項，只好重新翻找會議資料，這種事情屢見不鮮。腦科學家一再表示，我們的大腦其實並不適合同時進行多項任務，甚至也有專家指出，人類根本沒有所謂的多工處理能力。如果沒有專注在目前正在做的事，大腦很容易忘記，就必須再重新翻找相關資料。同樣的事情不要花兩倍的心力處理，不必提前擔心下一階段要做的工作，就算擔心也於事無補，反而降低目前的工作效率。

捨棄待辦清單，更能掌握時間

創造奇蹟的日常第三項原則是：用時程表取代待辦清單。根據調查結果，上班族寫在待辦清單上面的事項，其中有四一％根本就做不完，必須延到第二天。如果要處理的事情很多，卻不知道該從何著手時，應該做的不是建立待辦清單，而是製作時程表。把每天要做的工作和預計耗費的時間，全都寫在時程表上，就連五分鐘短暫的通話也寫上去。如果不把每件工作需要耗費的時間寫上去，只是寫上要做的工作，只會讓事情越積越多，工作的優先順序被打亂。明明是重要的事情，卻因為不想做，就一直拖著沒做，到最後沒有足夠的時間處理，讓你陷入困境。反之，當你開始養成編排每日時程表的習慣後，因為知道自己在那段時間內必須完成某項工作，反而會更專注處理。

而且當你知道有時間限制時，工作的切換速度會更快，更能有效運用時間。一旦時程表上寫著六點下班回家，吃完晚餐後八點運動，就不會推拖，而是會心想：「得趁還來得及先趕快弄完！」立刻起身去做。越是練習讓自己在固定的時間內把工作做完，切換工作的能力也會提升。若是在時間內未能完成某項任務，可以調整時程表重新安排時間，然後盡快切換到下一個任務，確保計畫順利進行。藉由規劃時程表，你可以更精準掌握時間，並在處理完一個任務後迅速轉移到下一個任務，像是「開完會後再來處理這件事」，讓工作更有效率。

工作與生活平衡，充電和放電之間的和諧

在討論「創造奇蹟的日常」下一項原則之前，我們首先要先了解一個重要的概念，那就是關於「工作與生活平衡」的定義。人們通常會認為「準時下班」就是所謂

的工作與生活平衡。然而，我們從自身經驗得知，人類不是機器，很難明確的把工作與生活切割開來，像是每天工作八小時、休息八小時，一週工作五天、休息兩天等。

事實上，要區分工作和生活本身就是件困難的事。例如：為了職涯發展去上的自我成長課程，是屬於工作呢？還是生活？與業界人士交流呢？攻讀研究所或參加研討會進修呢？這些顯然是為了將來的職涯發展，但同時也是自我充電的時間，讓自己更加成長。工作和生活的界限是如此難以區分，如果非得要一分為二，我會分成「充電的事」和「放電的事」——確切地說，是以「產生能量」和「消耗能量」作為區分。

我們在工作時，主要是消耗能量。不僅是身體上的耗能，也會「消耗」過往所學的知識和經驗；而下班後回到家，和家人相處、從事休閒活動、筋疲力竭地躺在床上休息，則是讓耗盡的能量重新「產生能量」。我們的生活就是像這樣不斷地消耗能量，又重新產生能量的過程。

在充電和放電之間，該如何取得平衡呢？「平衡」意味著維持不傾斜或偏向任何一邊的狀態，就像來回調節天秤兩端的砝碼重量達到的「平衡狀態」，其實只存在於一瞬間而已。換句話說，平衡很容易被破壞。因此，我在解釋「工作與生活平衡」

時，比起「平衡」，我更喜歡「和諧」的說法。也就是說，我認為保持工作與生活平衡，是讓自己在產生能量的事物和消耗能量的事物中，找出屬於自己的和諧狀態。

以長遠的角度看人生

接著，讓我們回到創造奇蹟的日常第四項原則：不要以一天或一週的單位切割工作與休息的時間，最少以一年為單位設定計畫。如果將每天的行程機械化地分成工作時間和休息時間，當碰到重大專案或公司旺季難以準時下班時，就很容易失去平衡。如果一時間負責的工作量變重，即使手刀下班，回到家後也很難真正完全脫離工作。雖然人在家中，心裡仍掛念著工作，無法充分獲得休息。若是以一年為單位，分成需要專注在工作的時間和休息時間，就能更有效運用時間。

先制定年度計劃，再按當天行程安排工作的好處，在於可以讓自己不會因為太忙錯過重要事情而感到內疚。例如：一年當中，我最想保有的時間就是年末假期。先規劃好讓自己充電的年末假期，辛苦工作一整年，就是為了完成這項計畫。如果因為盲目工作，甚至錯過休假，到最後會萌生「我到底是為何而活？」的念頭，很快就會失去動力。

創造奇蹟的日常最後一項原則，是以長遠的角度看人生。你想要擁有什麼樣的人生？以五年為單位，描繪出自己的人生願景。例如：當你有比較多時間投注在自己身上時，可以投入學習或興趣，培養各種經驗和人脈。當有了另一半並共組家庭後，可以多花一些時間適應家中的新成員，重新找到自己的定位。當孩子長大後，有比較多時間可以自由運用時，則可以重新把重心擺回工作上。當你像這樣按照人生重大階段，安排自己投注的時間和心力，即使陷入「我現在走的路是對的嗎」的迷惘，或擔心自己「會不會起步比別人晚」，也很快就能屏除焦躁和不安，重拾內心的平靜。

所有原則的目的，最終是為了讓我們完成所有我們想做的事。時而快，時而慢，不妨依照自己的步調，繼續走自己正在走的路，打造一套屬於自己的原則吧！讓二十四小時變成四十八小時的魔法，其實是一份珍貴的禮物，送給懂得描繪人生願景，充實並珍惜度過每一天的人們。

倘若只看著自己的缺點，
就會不斷自我貶低，遲遲無法展開行動。

然而，一旦開始付諸行動，
就會產生想再更進一步嘗試的慾望，
以及源源不絕的能量。

若能把這股能量當成動力，好好活在當下每一刻，
相信生命定會讓你感受到前所未有的喜悅，
為你帶來更大的機會。

PART 2

人生就是不斷地學習

8

人生中最糟糕，也是最棒的錯誤

「露易絲，妳為什麼這麼拼命學英文？妳明明英文已經很好，足以勝任工作了不是嗎？」某天，一位職場後輩如此問道。

「因為我有過慘痛的教訓啊！」

從美國留學回國後，我主要都在外商公司上班，日常商務英語對我來說不成問題。然而，進入Google工作後，我也曾被英語壓得「喘不過氣」來。因為必須具備相當程度的英語水平和實力，才能把工作做好。幾乎所有工作都需要一對一開會或以部門會議方式進行，每天工作充斥著各種會議，英語的重要性不可言喻。

三十年職場生活最糟糕的失誤

那是發生在我進入 Google 韓國工作第三年的某天。那天，Google 韓國所屬的亞太地區部門召開會議，採用視訊方式開會，分布在七、八個城市，約五十多位公關部門成員同時上線，想當然耳，會議是以英語進行。

而那天剛好是由我負責進行七分鐘簡報，必須向其他國家介紹韓國的成功案例，除了準備簡報內容外，我一心只想要好好表現。當時的我，仍不擅長以英語進行簡報，每每看到別人以流暢的英語上臺報告，就會興起欣羨之情，希望自己有朝一日也能像別人那樣說出一口流利的英文。儘管如此，面對好不容易獲得的機會，我還是滿懷期待，並做足萬全準備。從好幾天前就擬定好講稿，開始演練背稿，甚至列出所有可能會被問到的問題，並預先準備好答案。為了這次的簡報，我可說是卯足了勁，做好萬無一失的準備。

由於是視訊會議，通常我們部門成員會在同一間會議室一起開會，但那天我為了專心準備報告，便自己單獨待在另一間會議室。等會議正式開始後，大家各自報告產品上市的主要時程和相關資訊，但我因為過度緊張，根本沒仔細聽會議內容。輪到我時，我只聽到一句：「露易絲，換妳了。」

現在回想起來，我完全不知道自己當時為什麼會那樣，在說完「嗨！」和大家打完招呼後，我就開始直接報告。我按照先前準備的內容，一字不漏地背出講稿。但問題是我太過專注了，以至於在報告過程中，我完全沒看螢幕，而是用一隻手撐著額頭，不斷地看著桌子底下。

就這樣，七分鐘的報告結束了。耶！我終於做到了！我對自己的表現感到驕傲，露出心滿意足的表情說：「我的報告到此結束，請問大家有任何問題嗎？」這時，我才終於抬頭看了一眼螢幕。

咦？螢幕上的每個人似乎在討論不一樣的話題，他們不僅沒有聽我說話，甚至還高談闊論地說著自己的話，討論的內容跟我報告的主題毫不相干。這到底是怎麼一回事？為什麼沒人聽我報告？我納悶了好一陣子後，才發現原來我的「靜音鍵」一直是開著的。天啊！整整七分鐘的報告，我居然設為靜音模式，一個人自言自語地說完了？

我打開筆電試圖了解狀況，看到螢幕上跳出許多同事們傳來的聊天視窗。除了亞太地區群組訊息，還有我們部門的聊天群組，甚至連香港、日本、新加坡的同事也都紛紛傳訊息給我。大家的留言內容如出一轍：「露易絲，我們聽不見妳說什麼，妳忘了取消靜音！」

直到那一刻我才意識到，雖然大家試圖傳訊息想讓我了解狀況，我卻低頭專注在報告上，沒有注意到這件事。他們發現我沒有回應，只好留言給我：「我們先跳到下一個主題喔！」在他們討論其他主題時，我一個人自言自語地背完講稿內容。事後部門成員告訴我，他們等了我一分鐘左右，一直在叫我的名字。

這真是天大的失誤！雖然參加過視訊會議的人，多少都曾經犯過忘記取消靜音鍵的失誤，但一般大概過了三、五秒後就會發現，我卻是七分鐘後才發現……整整七分鐘的時間都在自言自語，沒有任何人聽見我說話。正在談論其他話題的同事們，看到我在螢幕上自顧自地滔滔不絕，心裡又會做何感想？在這麼多部門成員和同事面前，我從來沒有一刻像現在這麼尷尬過。

在過去三十年職場生活中，我遭遇過各種大大小小的失敗和被上司斥責的經驗，但從未如此尷尬丟臉過。我試圖克服自己英文不好的弱點，卻犯了荒謬至極的錯誤，把我極力想隱藏的弱點，毫不掩飾地暴露出來，堪稱是一生職涯中最糟糕的錯誤也不為過。

「唉唷，露易絲，這種事就別擺在心上了，幹嘛那麼在意！忘記取消靜音鍵這種失誤，誰都有可能會發生啊！」一位後輩安慰著極度沮喪的我。「是啊！大家都會犯錯，但我整整七分鐘都在自言自語，在我滔滔不絕講個不停時，別人已經在討論其他話題了。」

「嗯……說的也是，七分鐘確實有點久，哈哈！」

接受並坦承自己的弱點

是啊！每個人都會犯錯。即使在別人看來微不足道的事情，對某些人而言，卻是一段讓人在午夜夢迴驚醒的「黑歷史」。更何況，如果因為那個錯誤，暴露了自己的弱點呢？有時候，我們會覺得自己的弱點，是全世界最巨大、最醜陋的東西。當弱點一旦曝光，整個人彷彿被世界吞噬，內心恐懼不已。然而，一連串試圖掩飾自己弱點的行為，反而會像潰堤的洪水一樣，吞噬我們的生活。

曾在微軟工作，同時也是前 Facebook 全球業務總裁的卡洛琳．埃弗森（Carolyn Everson），她的故事就是最好的例子。她在 Facebook 帶領來自五十五個國家、超過四千名員工，創造高達八百億美元的銷售業績。儘管事業蒸蒸日上，她仍害怕自己會被解雇。每次主管臨時召開會議，或沒接到主管電話時，她就會開始心神不寧，擔心自己會收到解雇通知。如果工作上做出的決策稍有差池，她就會變得焦躁不安，對自己的決策失去信心。

某天，卡洛琳在女性領袖日的這一天，針對一千多名女性進行演講。當她在舞臺後方等待時，她感到莫名緊張。於是，她突然轉身看著當時還是 Facebook 首席營運長的雪柔．桑德伯格（Sheryl Sandberg）說：「我到底為什麼這麼沒有自信？」然後她自問自答：「或許是因為我曾經被解雇過吧！」那天，卡洛琳第一次對外公開自己不為人知的心酸過去。

二十五年前，她曾是當年熱門新創公司 Pets.com 的創始成員。然而，在她的履歷表或 LinkedIn 上，卻從未出現過這項經歷。當年，她在就讀哈佛大學商學院期間，成立了 Pets.com 這間新創公司，而且一炮而紅，甚至在同學之間備受推崇，被視為偶像。但她和當時公司 CEO 的理念不合，在研究所畢業典禮前夕，她被自己一手打造的公司解雇了，還是趁她出差之際，以區區一張傳真紙告知。從人生巔峰瞬間跌落谷底，對她來說無疑是巨大的打擊。她的自尊心嚴重受創，就連自我價值感也蕩然無存。在那之後，她從未在任何公開場合中談論關於 Pets.com 的事。她認為如果自己不說，這段慘痛的經歷就會深埋在記憶中。

雖然卡洛琳在之後仍持續不斷學習，並積極發展自己的事業，但她總擔心自己不堪回首的過去被別人發現，害怕別人認為她的成功只是曇花一現。她認為若是自己無法走出二十年前被解雇的陰影，就會永遠活在自卑和恐懼之中。因此，她決定鼓起勇氣，坦承自己失敗的經歷，展現並接受自己的弱點。

我們極度抗拒在職場上展現自己的弱點或情緒，認為這麼做就表示失敗。那麼，當卡洛琳公開自己隱藏了二十多年的失敗經驗，同事們的反應又是如何？出乎意料，她獲得了廣大的迴響和支持。大家紛紛表示：「啊！原來連這麼厲害的人都曾經失敗過，看來我就算失敗了也無妨。」之後，卡洛琳以矽谷女性領袖導師及講師的身分，告訴大家：「當你願意面對自己的弱點，自信心就會隨之而來。」讓在場許多人深有同感。

讓最糟糕的錯誤變成最棒的錯誤

展現自己的弱點，意味著承認自己的缺點。當因為自己的弱點而慘遭失敗時，必須先接受這件事，才能邁向下一步。若能從失敗中學習，就能化為成長的動力。

偶然在 Podcast 聽到卡洛琳的故事，給了我很大的勇氣。雖然相較於她被自己成立的公司解雇的慘痛經驗，我的失誤可以說是微不足道，但那卻是我人生中最丟臉的一刻。每每想起這件事，總會讓我感到無地自容。身為媒體公關部的主管，居然因為英文不好，在這麼多人面前出糗，光是想到就令人不寒而慄。

然而，我並沒有被那天的失誤打敗，因此一蹶不振，而是下定決心不再重蹈覆轍。於是從那天起，我每天以拼命三郎的態度認真學英文，而非虛應了事、草草帶過。如果只是急於「填補漏洞」，沒有從根本上解決問題，只會讓自己越來越沒自信，擔心被別人看穿自己的無能。但當我每天花三、四個小時學英文，原本時不時會冒出「我這樣行嗎？」的念頭，也跟著逐漸消失。偶爾想偷懶時，只要想起那天恨不得找地洞鑽的尷尬回憶，就會督促自己更加努力學習。

隨著英語實力日益提升，我開始到處和別人分享自己的失敗經驗談。許多人都認為我待在公關部門工作，英語實力想必不容小覷，我卻告訴大家：「我也有過慘痛的教訓，所以現在才這麼認真學英文。」我把人生中最想抹去的記憶，以開玩笑的方式說出來。當我說完後，大家笑著表示自己也曾有過類似的經歷。原本丟臉的回憶，也逐漸變成充滿笑聲的記憶。

最糟糕的錯誤，也可能會是人生中最棒的錯誤。那天慘痛的回憶成了催化劑，讓我這十年來一刻也不敢懈怠地認真學英文。當時的我，根本不敢想像自己將來會到美國工作，但在無意間我已經為這件事做好準備了。有時候，時間就像是一種魔法，能讓最糟糕的事情，變成最好的事情。

9

以學習獲得的自信，克服冒牌者症候群

不久前，Google針對兩百多名女性員工，舉辦克服冒牌者症候群的相關課程。所謂冒牌者症候群（Imposter Syndrome），是指認定自己「不夠資格」、「配不上這裡」，認為自己沒有比別人聰明，實力也不如人，只是在欺騙別人，因此無法展現出對成功的渴望或喜悅。即使這些人明明能力很好，卻因為覺得身旁的同事表現太過出色，不停自我貶低，對自己失去信心。

困擾Google人的冒牌者症候群

令人驚訝的是，這也是Google員工經常出現的心理現象。在與Google主管進行面談時，總會被問到：「你有冒牌者症候群嗎？如果有，你是如何克服的？」假如一直覺得自己落於人後，對自己毫無自信，不僅會影響工作，每天都會活在痛苦之中。當天和我一起聽演講，共事十年的好友同事突然問我：「露易絲，妳應該沒有冒牌者症候群對吧？過去十年來和妳一起工作，看妳似乎沒有這個困擾。」

這問題讓我稍微有點難過，因為無論是過去或現在，我一直都是飽受冒牌者症候所苦的人。我的起步比別人晚，由於深刻體認到這點，經常覺得自己矮別人一截。在高學歷、工作能力出眾、自信滿滿的同事身旁，我總是抬不起頭來。

回想起那段過去，我對同事如此說道：「我其實也深受冒牌者症候群所苦，就連現在也一樣。但我盡量不去想它，盡可能專注在自己擅長的事物上。如果做不到，就直接明講，以免事後一直擔心自己的弱點被人發現。當然最重要的是，必須不斷努力學習，才能有所成長，這需要耗費很多時間。我投入越多時間練習，自信心就會隨之而來。」

當天講座最後的結論也是「你不是唯一有這種感覺的人」。每個人或多或少都會自我懷疑，重點在於不要一直放大自己的缺點，而是找出自己的優點，專注於自己擅長的部分，思考如何進一步發展，並將其轉化為行動。

我有資格站在這個位置上嗎？

在我二十多歲時，攻讀內布拉斯加大學林肯分校的MBA行銷專業課程，取得碩士學位後，回國進入了摩托羅拉（Motorola）韓國分公司的行銷團隊。在當時，像我這種德語系畢業的女性，要進入大公司唯一的途徑，除了念MBA外似乎別無他法。在三百多位求職者中，我雖然脫穎而出成功被錄取，卻不禁感到懷疑：「他們為什麼會錄取我？是不是過程中哪裡出錯了？」此外，明明是希望具備公關專業的職位，卻錄取了擅長行銷的我，這也讓我感到十分意外。等我開始正式工作後，發現在MBA所學的行銷專業，其實和宣傳公關領域也有部分重疊之處，但目標、策略和方法卻截然不同，許多專業術語對我來說都很陌生。

對公關一無所知的我，不知該如何著手，工作吃力不順手，即使有好的想法，也不敢開口表達。年屆三十、起步已比別人晚的我，迫切希望工作能盡快上軌道。因此，我每星期都會去書店閱讀相關書籍，從專業教材到最新趨勢書幾乎無一不讀，並且積極參與各種研討會和學術課程，努力不懈地學習。然而，不管我再怎麼努力，似乎都擺脫不了那種「勉強跟上別人腳步」的感覺。

明明可以向主管請益，或親自體驗，甚至是邊做邊學，但我的內心焦躁不已，總想要更快、更有系統地把工作處理好。我認為只要建立好一套系統，不斷累積經驗，並聽取前輩的指點，就能讓自己立於不敗之地。

你或許會問，如果只是單純想把工作做好，不是只要快速累積實務經驗就好嗎？現在回想起來，我似乎並不只是想成為工作表現優越的人，而是想成為充滿自信的人。對自己毫無信心的我，每每看到能力比我強的人，總是會忍不住升起嫉妒心。即使別人給出適當且合理的建議，也會不自覺地啟動防禦機制。想要有建設性地接納別人的意見，必須對自己有足夠的自信，才能帥氣地說出：「你說的對，我會試試看！」欣然接受對方的建議。沒錯，我想要對自己說出口的話充滿信心，即使有人提出問題，也能應答如流，我想成為像那樣的專家。

我試著尋找能夠一邊上班，一邊系統化學習的地方，而兩年制的夜間部研究所，正是最合適的選項。為了強迫自己持續學習，我必須進入體制內的環境學習。工作不可能有做完的一天，如果沒有強大的意志讓自己離開辦公桌，很難利用晚上的時間學習。因此，我認為唯一的方法，就是和別人一起學習，才能堅持不放棄。就這樣，在這二十多年內，我一共讀了五間研究所，開啟了我漫長的學習歷程。

持續為腦袋注入新的燃料

起初，就讀延世大學新聞與公共關係研究所時，當時我已經懷孕四個多月。或許是因為工作和課業繁重，我的身體有些吃不消。醫生嚴重警告我，再這樣下去可能會導致流產，囑咐我千萬不要太過勉強。幾週後，我最終被迫住院休養。然而，習慣這種東西真的很可怕。即便是在這樣的情況下，下班後我還是自然而然地出現在學校門口。那天不知道為什麼，從正門走到教室的路似乎特別漫長，每走一步就感覺天旋地轉，一直很想吐。就這樣走了幾步路後，最後還是忍不住把吃下去的東西，全都吐了出來。

「有必要為了學習，做到這種地步嗎？」雖然因為孕吐感到頭暈目眩，但心想都已經來到學校了，就這樣回家未免也太過可惜。隔年五月一日（在勞動節當天進行生產勞動！）生下兒子菲利普後，由於產假期間無法上課，期末考也只能放棄。於是，等九月放完暑假後，我才又再度回到學校上課。

雖然一開始是為了職涯發展而學習，但如果單純基於這個原因，似乎無法讓我如此投入。我就像圍繞著美食藏匿之處打轉的孩子，特別喜歡待在學校。學習本身所帶來的動力，驅使我全然沉浸於研究所學習。儘管每個人的學習動機不同，或是在不同的地方學習，但共同點是都能感受到富有生產力且健康的能量。即使在公司因為繁重的工作感到筋疲力盡，甚至受孕吐所苦，連走路都有困難的情況下，只要我一進到教室，眼睛就會變得閃閃發亮，整個人精神抖擻，就像在腦袋裡注入新的燃料一樣。熱衷於學習某項事物時，對未來的焦慮就會瞬間消失，取而代之的是對自己些許的信心及正向的能量。那種麻藥般讓人上癮的喜悅，令我深深著迷。

攻讀研究所讓我受益匪淺。除了學習我所缺乏的知識和洞見，還能與該領域最優秀的教授和其他業界人士進行交流，直接或間接地擴展經驗範疇。人們通常認為讀研究所可以獲得「知識」（Know What），但我在研究獲得最大的資產是「知道如何做」（Know How）、「知道在哪裡」（Know Where）、「知道要找誰」（Know Who）。例如遇到問題時，即使當下無法立即找到解決方法，一旦知道去哪裡找答案、該與誰聯繫以及如何提問，所有問題就能迎刃而解。即使碰到棘手的狀況或難關，或只是微不足道的小問題時，一旦知道如何處理，自然就有信心面對。

當我竭盡所能做好充足的準備，就能坦然面對此刻，而不會感到後悔或沮喪。抱著無論成敗與否的決心，坐在學校打起精神認真學習，讓原本對自己毫無信心的我，開始變得有自信。所以說，讓自己變得有自信的方法，就是投資自己。因此，在研究所學習的那段時間，成了我的信心泉源。儘管現在落於人後，只要持續不斷地學習，就能讓今天的自己比昨天的自己更好，這也是讓我擺脫冒牌者症候群的強大武器。

10

如果工作只剩下筋疲力盡

我們會工作到什麼時候？

假設二十多歲開始工作，三十歲出頭拼命認真工作；步入三十歲後半，擔任中階主管；到了四十歲時，有機會成為部門主管或位居高階。在開創新事業、找到第二份事業，或感到筋疲力盡，在公司難以發揮影響力的那刻來臨之前，我們都會一直繼續工作。

我今年五十四歲，雖說年紀不重要，但算起來我似乎是Google總公司媒體公關部門中，年紀最大的女性主管。在網路尚未興盛的年代，讀完研究所後二十多歲的我，進入公司後第一次接觸到所謂的電子郵件。過去所學到的東西還來不及派上用場，網路的出現已徹底顛覆了媒體通訊與商業結構。尤其是在現今當下，世界變化的速度，比過去任何時刻都來得要快得多。

事實上，我在Google內稱得上是不折不扣的電腦白痴，每天工作必須接收大量新聞資訊與最新業界消息，經常讓我感到吃不消。很多時候對於業界推出的新技術或產品，就算看了兩三遍也仍是一知半解。我真的能夠跟上日新月異的變化和發展速度嗎？我的頭腦有辦法消化這麼多東西嗎？再加上戴著老花眼鏡，一刻不停歇地盯著書本和螢幕，我的眼睛受得了嗎？在矽谷工作時，我開始思考這些問題。

只有閒下來時，才會感到倦怠

在沒有網路的年代，一個文科畢業的人，憑什麼在過了五十歲後，還能繼續在Google這樣的科技公司工作？憑的正是堅持不斷地學習。在職場生活中，我總是用盡畢生所學努力工作，我創建了一套「輸入系統」（Input System），培養充實自我的習慣，持續學習新事物。現代人是被逼著必須不斷學習，我卻是迫切渴望學習新事物。對我來說，取得五個碩士學位，只不過是學習的其中一環而已。

工作已經很累了，難道還要把學習新事物當成習慣嗎？若想打造「不疲勞的大腦」，就必須這麼做。儘管一邊工作一邊持續學習，並不是件容易的事。光是上班這件事，就足以令人筋疲力盡。然而，若只是一直運用原先所學的東西，沒有學習新的事物，終究會消耗殆盡。不妨透過以下例子，檢視一下自己的狀態吧！

一大早出門上班，就像工作超過十二小時那樣讓人感到疲乏。每天猶如置身在槍林彈雨中，處理一大堆棘手的問題，真正想做的事只能不斷往後推延，更別奢望想出什麼新點子。日復一日的生活，令人備感無力。清醒的時間大部分都待在公司，沒有一刻是開心的。我到底對公司有何貢獻？公司日益茁壯，為什麼我這麼認真工作，卻依舊原地踏步？總覺得自己一點一滴被榨乾，擔心再這樣下去，會不會到最後只剩下空殼？

如何？看完心有戚戚焉嗎？如果是的話，就表示你目前正處於倦怠期，也就是職業枯竭狀態。

唯有成長才能戰勝無力感

雖然上班族會出現無力感和被剝奪感的原因有很多，但通常時間點會是在三十歲出頭或工作第五年左右。正確來說，是進入職場後，把大學時所學耗盡之際；同時也是滿懷雄心壯志試圖努力後，卻發現職場並非努力就有用，心情跌到谷底之時。拼了命認真工作，內心卻升起一股莫名的不安，覺得自己一直在內耗，沒有充實自我。每天只是匆忙完成交辦的工作，就這樣過了一段時間，赫然發現自己毫無進步。

在我三十幾歲當了好幾年的代理時，也遇到了同樣的狀況。當時公司部長級的女性主管並不多，我開始擔心未來的升遷。雖然初入社會就進入外商公司，情況已經比國內企業好很多，但社會風氣仍偏保守。儘管大家都很認真工作，不過當時在我看來，男同事們每天似乎都只在家、公司、聚餐場所這三個地方來回跑。他們通常聚會應酬到很晚，隔天上班時一臉疲憊，一見面又打開話匣子，聊起前一天聚會上的話題或別的事情，彼此關係堅不可催。

每次看到男同事們比我更快升遷（或許只是心理作用），不免會感到嫉妒，也會為此焦慮不已。幾乎所有部長和高階主管都是男性，位居要職的女性主管可說是屈指可數，我在公司內還有發展嗎？是否還要把升到部長當成最終目標？又或者是我應該設法打進男同事們的圈子裡？（當然要打進去他們的圈子也不容易，況且我也不想。）如果無法升遷，我做的事還有意義嗎？

在我意志消沉並陷入失落之際，有一個人引起了我的注意，那就是行銷部門唯一的女性部長。在我眼裡，她具有精準的分析力與判斷力，做起事來有條不紊，英語能力又相當出色。但奇怪的是，她一直得不到肯定，在公司內就像是邊緣人一樣的存在。我不禁好奇，為什麼這麼有能力的人，升遷卻落於人後？然而，她本人卻毫不在意，依舊堅持做好自己該做的事。

她總是把充實自我擺在第一優先，不斷吸收新知識與技術，努力不懈地學習英語，徹底做好自我管理。果不其然，不久後她被派到美國總部策略室工作，負責全球策略分析業務近十年，各方面表現備受肯定。雖然起步比別人晚，但事實證明，只要有實力就會被看見。

沒錯！她確實被看見了。當我們煩惱該用什麼來增加自己在職場上的價值時，成功人士卻把煩惱當成契機，重新累積自己的專業。無論別人說什麼也毫不動搖，不會因為懈怠而停滯不前，這股力量正是源自於不斷地追求「成長」。

每天的職場生活猶如戰場，但當這種刺激感成了習慣後，人就會開始變得麻木。想要擺脫看不見盡頭的無力感，就必須要有獲得成長的體驗。光是認真工作贏得公司肯定，並無法讓上班族的內心得到滿足，而是能夠覺得今天的自己比昨天更進步，開始發現過去未曾看見的事物，找到自己的立足之地，才能感覺自己有所成長。如果少了這種經驗，職場生活很難撐得下去。尤其是當自己認真工作，公司業績持續成長，卻覺得自己像是原地踏步、停滯不前。一旦出現這樣的想法，對工作的熱情與喜愛，也會跟著消失，這樣的狀況如果持續一兩年，最終會變得筋疲力盡。

不是把工作做好，自然就會有所成長

並不是只要把工作做好，自然就會有所成長。工作這件事本身就是消耗過去所學的，而不是填補。若只是一直重複運用既有的知識，沒有設法充實自己，找到成長的樂趣，很容易就會放棄自我發展。如果不想讓明天的未來從手上溜走，就必須持續創造出一套屬於自己的「充實系統」。

不過，這並不表示非得要念研究所才行。事實上，就經濟考量而言，由於私立大學研究所學費通常一年超過一千萬韓幣（約新臺幣二十四萬），門檻較高。念研究所是一筆花費相當大的投資，可能會造成你的負擔。即使因為經濟問題無法進修，仍有許多充實自我的機會。像最近可汗學院（Khan Academy，線上教育網站）或世界各地主要大學，也都舉辦了各種遠距碩士學位課程，只要善加運用，對未來職涯發展會是很大的助益。

若公司內部有提供培訓補助計畫，建議盡可能善加利用。最近Google針對工作十五年以上的資深員工進行問卷調查，其中一項問題是：「在Google提供的各種補助計畫中，最喜歡哪一個項目？」而我的回答是「自我進修補助計畫」。然而，即使福利這麼好，提供一定的金額作為補助（相當於研究所一年的學費），我身邊卻幾乎從未見過能將這筆費用百分之百運用到淋漓盡致的人。不，是連百分之五十都不到。因此，我會告訴大家：「我每年都會把這筆費用花完，希望大家也能盡量運用公司提供的資源，不斷挑戰提升自我。」

回過頭來看，那些為了培養自己的專業，腳踏實地勤勉學習的人，總有一天會彰顯出自己真正的價值，因為時間不會說謊。花時間持續努力學習的人，比較不容易陷入職業倦怠。即使起步比別人晚，即使沒有立竿見影的成效，我仍希望大家不要放棄學習。當你花越多時間深入學習，就能走得更遠；當你不斷拓展學習領域，看到的世界就會變得更廣。

11 學習造就未來的每一天

「蒐集五個碩士學位後，會發博士學位給你嗎？」朋友對正在準備念第五個碩士，有著「學位蒐集魔人」之稱的我，開玩笑地問道。

答案當然是不會。

在過去任職的所有公司中，我經常換部門。每當負責新的職務，需要學習新東西時，我最先做的事情，就是搜尋有哪些適合的研究所課程。對我而言，學習就是能讓我勇往直前、持續拓展職涯的最佳武器。與其懷疑自己：「我可以做到嗎？」，不如告訴自己：「不會就學啊！」

「學位蒐集魔人」的職涯規劃

我的第二個碩士學位，讀的是延世大學新聞與公共關係研究所。原本待在摩托羅拉韓國分公司公關部門的我，待了三年後轉戰策略行銷部門。然而，偏偏我負責的主要工作是線上行銷。當時的我，最多只把電腦當成文書處理器在使用，就連EXCEL的基本功能都還不太熟悉。我壓根不知道何謂數據行銷，更不懂得如何將資料探勘應用到行銷上。因此，我又另外攻讀當時唯一的電子商務研究所課程：慶熙大學MBA碩士班電子商務學程。

接著，我第四個碩士是首爾大學行政研究所。後來我換工作進入Google韓國公關部門，當時備受矚目的焦點，正是網際網路政策。二〇〇〇年代開始，進入超高速網路時代，隨著網路迅速普及與智慧型手機出現，前所未有的商業模式與新市場如雨後春筍般冒出，各種產業政策與消費者政策也應運而生。像是防堵網路有害資訊或惡意留言的「網路實名制[3]」，幾年前才因為違反言論自由不具公益性，被最高法院全

3 指使用者在部落格、網站或電子布告欄註冊登入時必須使用真實的姓名和身分證號，在韓國於二〇一二年被判定違憲遭廢除。

體一致作出違憲裁決而遭駁回。從制定到廢除不過短短幾年，風向就完全改變，連要求填寫身分證字號也被視為違法。

身為IT產業工作者，我認為必須事先掌握並了解網路政策方向，才能因應技術發展與新平臺出現。因為希望比別人更快，並且學習最正確的知識，因此我一腳踏進了首爾大學行政研究所，向素來敬重的政策學教授學習。攻讀研究所期間，不僅能直接聆聽在行政與政策領域經驗豐富的教授和講師授課，並了解如何制定政策、擬定草案與執行，度過了一段寶貴的時間。

最後一間研究所，我念的是首爾大學科學技術學院數位文化政策學系。啊哈！這次總算念了博士班。除了和Youtuber直接面對面交流，我想了解技術發展對社會的改變，像是對工作的認知或對生活的影響。可惜的是，念到一半我決定赴美工作，只好放棄學位。不過，目前我在Google全球媒體公關部門負責國際故事行銷工作，正好是向大眾傳達與技術發展有關的暖心故事。因此，我的職業生涯規畫與學習可以說是相輔相成。

起初，我主要學習實務相關的項目，簡單來說就是能在職場立即派上用場的技能。隨著閱歷增長，我開始轉為學習掌握政策走向與分析局勢脈絡。換句話說，我的學習項目與職涯發展逐漸走到同一個軌道上。根據《財星》（*Fortune*）公布的全球五百大企業，仔細觀察這些公司內的最高管理階層，會發現成就越高的人才，他們花越多時間追求自我成長。越有成就的人，清楚知道自己必須具備哪些能力。若有特別關注的領域，為了在這個領域上有所突破發展，就必須先知道下一步得做哪些努力。

學習是堅持的過程

以我個人而言，在面試新人時，讀完夜間部研究所的求職者會稍微加分。並不是因為他們具備「碩士學歷」，而是能在上班的同時完成夜間部研究所課程，這意味著至少得花兩年的時間做好自我管理，充分展現出為了追求自我成長所做的努力。光是下定決心回學校進修就已經不容易，還能堅持在兼顧工作的情況下，完成學業取得學位，更是難上加難。

事實上，即使付完昂貴的研究所學費，也很少有人能夠確實把課上完。每次打算去學校上課，要離開公司時，偏偏接到緊急來電；明明已經快要下班，老闆或隔壁部門又指派工作；每次期中考那天，就剛好遇到公司聚餐，或是幫忙照顧孩子的保母阿姨，正巧有事必須提早離開……幾乎每天都有各種缺席的理由。由於是下班後的進修，一旦出現「今天就蹺課一次吧」的想法，很容易就會一直曠課下去。只要一次沒去上課，開始休學後，就很難再回到學校。因此，能夠堅持在兩年內完成碩士班課程的人，這種認真學習的態度值得嘉許。

學習，是一種堅持的過程。即便是再困難的科目，也要堅持到底，想盡辦法學習。對文科生而言，個體經濟學課上出現的微積分，就像看到阿拉伯文一樣，令人頭昏眼花。在聽完前兩小時的課後，雖然我也曾陷入苦思，猶豫著是否該放棄，但隨即改變想法，心想著：「沒關係，就試試看吧！反正不會就問同學或助教，如果現在就放棄，下學期也不一定就能學會。」光是願意堅持坐在教室裡學習，慢慢來就一定能學會。或者成立讀書會和同儕一起學習，對「堅持下去」也很有幫助。每個人的優點都不同，擅長的科目也不同。藉由成立讀書會，和同學一起吃飯、一起學習，也一定能學會某些東西。

如此一來，就能和這些讀書會同學們建立深厚的「同袍情誼」，聊一些無法在同事面前訴說的煩惱，彼此互相安慰鼓勵。和教授的關係也一樣，雖然在課堂上是老師，日後卻也成了我最強大的後盾。每當我對那個領域有任何不懂的地方，隨時都可以向教授請益。

學習必須持續不斷

即使到了美國，我仍持續進行學習之旅。為了擔任下一屆CCO（Chief Communications Officer，首席營運長），我參加了由當地公共關係協會（Arthur W. Page Society）舉辦的為期兩年課程。該項計畫是從全球媒體公關領域中，挑選約六十位高層主管參加的培訓課程。

公司提供超過一萬美金的學費補助，每季要到不同城市參與三天兩夜的課程，包含機票和住宿費等所有經費，也都是由公司贊助。參加這個課程就像搭手扶梯一樣，只要願意努力學習就好。然而，儘管得到全面性的支持，但大部分的人卻因為沒有心力或時間學習，只好半途而廢。課程進行到現在已經將近一年左右，幾乎有一半以上的人休學，包含我在內只剩下三十個人。由於每個人都是日理萬機的大忙人，很難把學習擺在第一位，但正因如此，最後留下來的人才是贏家。

你或許會認為，堅持是一種老派的作法，那也無妨。因為對我而言，一路堅持學習到現在，我感到非常滿足，也一直走在成長的道路上。埋頭學習讓我忘了年紀，對未來也不會有所恐懼，反而充滿了期待，希望自己能再度邁向巔峰。只要堅持每天努力學習，就能充分發揮自己的最大價值，我是如此堅信著。

12

不是幸運，是妳真的做到了

我和媽媽以及兩個姐姐有一個分享生活日常的KakaoTalk（韓國一款即時通訊軟體）聊天群組。自從我來美國後，將近三年的時間無法回韓國，這個聊天群組算是我唯一的窗口，可以暢所欲言地聊各種生活中的大小事。我們天南地北什麼都能聊，但不知為何，我很少談及工作上的事。

某部分原因是兩個姐姐一個是護理師，一個是幼稚園老師，對我的工作可能很陌生；實際上是擔心身為老么的我，在工作方面的表現比姐姐們出色，如果聊工作怕給人感覺像是在炫耀。就連和她們分享升遷喜訊，也會讓我猶豫再三。兄弟姐妹當中只有我出國留學，回國後進入外商企業工作。或許是基於一種莫名的虧欠感，覺得自己的成功是建立在姐姐們的犧牲上，從國高中時期就一直照顧我，連現在照顧父母的責任也落在她們身上，才不敢和她們聊工作上的事。

某天，我在國內部落格分享一篇關於個人職涯發展的文章，描述我在Google職涯成長的歷程與成功經歷，並把連結分享到家庭群組，附上連結的同時，還寫了一句話：「老媽、老姐，我似乎真的很幸運！」

沒過多久，姐姐馬上回覆訊息，「不是幸運，是妳真的做到了，那是妳努力的結果。」

那一刻，我的眼淚瞬間奪眶而出。除了對姐姐們感激涕零，即便不說也能看見我的努力；另一方面聽到姐姐們發自內心恭喜我，並為我的成長感到喜悅，也很後悔自己過去太過壓抑，以致於不敢和她們分享太多工作上的事。

我們經常要求自己謙虛，總是把許多成功歸因於「幸運」，但其實成功並不光只是運氣好，還必須加上努力。我並不是要自吹自擂，就讀高中期間，我一天從來不睡超過五小時；進入職場工作後，仍持續在夜間部研究所學習逾十年。無論在哪個位置上，我總是盡全力做到最好。雖然我把自己的成功視為幸運，但一直在身旁陪著我的姐姐們，卻反過來提醒我，這些其實是我努力得來的結果。

Meta前營運長雪柔．桑德柏格曾表示，當女性被問到成功之道時，通常會歸功於運氣、努力和貴人相助；但拿同樣的問題問男性，他們會很自信地認為是自己很優秀。事實上，所有成功都必須仰賴眾人的努力作為後盾。很少有人百分百靠自己的力量，不需要別人的幫忙就能成功。因此，感謝那些在背後默默支持，並對他們辛勤的付出予以肯定，是很重要的。然而，將自己努力獲得的成果，全都歸功於運氣，不願意肯定自己，那又是另外一回事了。明明付出許多心血和時間，才能獲得這樣的成就，卻吝於自我肯定，就必須好好思考是不是不夠愛自己。

「妳願意泡咖啡嗎？」

「妳願意泡咖啡嗎？」二十幾歲參加面試時，我每次都會被面試官問到這題。我全力以赴念完大學四年，準備進入就業市場，但當時大企業很少招募女性職員，就業市場猶如一道窄門，令我感到相當絕望。對時下年輕人來說，或許現在所要面對的現實更為殘酷，但只要一想到當時的情況，我仍感覺胸口就像有東西堵住一樣難受。就算是同所大學、同科系畢業，大企業招募一般正職員工只錄用男性，女性最多只能應聘助理或祕書職缺。我到處丟履歷，只要前兩百大企業一釋出職缺，就會立刻去應聘——當然，前提是公司有開放女性應徵。即使夠幸運能參加面試，也一定會被問到前面的問題。

「如果泡咖啡也是我份內的工作，那麼我很樂意。不過，我其他工作也可以做得很好，若貴公司能給我機會，我願意嘗試各種挑戰。」依照事先準備好的答案，跑了許多間公司面試，心裡很不是滋味，懊惱著：「應該要直接回我不泡咖啡才對……」在大四下學期進行求職準備的過程中，總讓我感到挫折不已，替身為女性的自己感到悲哀，自尊心掉到谷底。

好不容易在畢業前，透過朋友介紹，幸運地進入某間服飾公司上班。當時因為那間公司文化相當開放，只要是大學畢業生，不分男女都可以參加應聘。一旦錄取後，公司便會安排教育訓練，接著再分配部門，直接進入現場工作。我被派到企劃部門工作，將近一年多的時間內，有機會可以近距離接觸到管理階層，了解公司營運狀況，包括經營、財務、行銷、人事、生產管理、拓展海外市場等各種策略如何相互影響，對我來說是相當寶貴的經驗。

先做再說，做了才知道

在職場上打滾了三十年，我開始相信是位置造就了人，因為並不是所有人都是在做足準備後，才升到那個位置上的。我經常看到許多職場女性太過低估自己，覺得自己還「不夠格」、「還沒準備好坐到那個位置上」。她們對自己的要求很苛刻，也同樣飽受冒牌者症候群所苦，心裡總想著：「總有一天會被別人發現，現在表現很好的我，並不是真正的我。」

根據一項調查結果顯示，美國八五％的職場女性都有「冒牌者症候群」，另外有八一％的人，認為自己一定要表現得比男性更好，為此產生很大的心理壓力。當職場女性感受到這樣的壓力時，即使爬到更高的位置，依然會努力把工作做好。因此，當我因為內在的不安，而不敢挑戰爬到更高的位置，每次看到那些沒有準備的男性們，卻能獲得升遷機會，心裡很不是滋味。

自信不是別人能給你的，如同字面上的意思，問題在於你如何看待自己的能力和價值。唯有願意正視自己，接納自己的不足，肯定自己的優點，才能建立完整的自信。明明都已經努力成這樣了，卻不願意正面看待自己的辛勞付出，日後就不會想再繼續努力。若是連自己都不認同自己，更不可能有動力前進。應該要告訴自己：「我有足夠的能力可以勝任那個位置。」當持續補足自己的不足，就會產生繼續前進的動力，對自己越來越有信心。

或許現在看似不足，但無論做任何事情，都要抱著先做做看再說的心態。如果不跨出去，永遠不會知道，跨出第一步後，才會知道自己的極限在哪裡。每次接到新專案，或碰到棘手的問題，我也總是像念魔法咒語般，不斷告訴自己：「先做做看再說，先做做看再說！」一旦開始嘗試，任何困難都有辦法解決。

《星際大戰》（*Star Wars*）是我非常喜愛的一部電影，在劇中飾演莉亞公主的演員嘉莉．費雪（Carrie Fisher），曾說過這樣一段話：「你可能會感到害怕，但無論如何做就對了，重要的是付諸行動。不必等有自信才展開行動，只要開始去做，信心自然隨之而來。」自信不是來自於擁有什麼，而是來自於願意嘗試做些什麼。倘若覺得自己在工作上落於人後，可以試著去補習班、讀研究所或是報名線上課程學習。自信心正是這麼來的，所有的一切是付出時間與努力得來的結果。即便過去的我有所不足，只要付出時間努力，未來的我就會有所不同。

抱著「做不到也不會死，先做再說！」的心態，世界上就沒有任何事情難得倒你。因此，如果你現在正在猶豫要不要抓住眼前的機會，我希望你能抓住它，而不是等待下一次機會的到來。

大聲對自己說：「先做再說！」坐上這個位置之後呢？剩下唯一要做的，就是不斷充實自己而已。

13 Google 總監的英語奮鬥記

即使嘴巴和頭腦都很笨拙，剛剛背過的單字轉身就忘，我依然每天全力以赴地認真學習英文。

在 Google 總部媒體公關部門中，我是第一個來自非英語系國家的總監。作為全球公關發言人，必須對外發表 Google 所有部門正在研發的技術，並向大家介紹技術背後的創新故事，包括搜尋引擎、安卓系統，甚至是 Google Pixel 手機等硬體設備。站在第一線面對全球媒體，哪怕是拼字上的小錯誤，都有可能釀成無法挽回的後果。因為我所說的每一句話、寄出去的每一封信都代表 Google，用字遣詞不容許一絲一毫的錯誤，壓力可以說是非同小可。

連一句「嗨」都說不出口

「堅持」是我的興趣，也是我的強項。儘管如此，英語卻總讓我感到挫折，並對它畏懼三分。不管再怎麼學，似乎依舊沒有進步。在得知如何以正確的發音念出「fragrant（芳香的）」這個單字後，我不免脫口而出地感嘆道：「我這五十年真的是白活了！」因為先前即使練了超過五十次以上，卻還是無法正確念出「paralleled（平行的）」這個單字。「R跟L合在一起為什麼這麼難念？這兩個字母就算分開，都已經夠難念了！」氣得很想咬自己的舌頭。當然，我的個性是如果念了五十遍還是不行，那就念一百遍。持續不斷地練習再練習，是最短的捷徑。

即使已年過半百，晉升到總監職位，英語仍是我過不去的關卡。雖然大學主修德語系，但我一直覺得自己沒有語言天賦。大學畢業後，也已經好長一段時間沒碰英文。我的字彙和文法都不是很厲害，但最弱的就是「口說」。還記得三十多年前，正準備申請美國大學，和先生一起去美國進修時，我連一句英語都說不出口。大家都說如果想要提升外語能力，除了語言能力本身之外，還必須有敢於表達的自信。但我不僅英語能力不好，也沒自信開口，很怕別人跟我講話，總是迴避與他人眼神接觸。

當我生平第一次踏上美國這片土地，搬進先生學校的學生宿舍後，帶著一些韓國的零食，想跟隔壁鄰居打招呼。敲門前，腦海中一直不斷思考著，該如何用英語跟別人打招呼。我想起了在國中英語課本上曾學過，初次見面時常用的問候語是「How do yo do?」，但問題來了，重音應該擺在哪個音節？不對，是用「How do yo do」嗎，還是「How are you」？當我站在門外躊躇時，門突然打開了。

站在我面前的，是一位七歲大的女孩，對著我說：「Hi, I'm Myriam.（嗨！我是米里亞姆。）」接著，她的母親也出來跟我打招呼：「HI, I'm Marjo.（嗨！我是瑪裘。）」那一刻，我整個人呆住了，不知道該怎麼跟孩子打招呼。在一九八〇年代的英語教科書或《成文綜合英語》（韓國知名英語教材）中，不會出現像「Hi」這樣的打招呼用語（或者是我壓根忘得一乾二淨）。沒錯，當時我所學的英語課程，根本比不上現在系統化的學習方法，英語程度糟糕透頂。就連Wednesday（星期三），發音也念成「Wed-nes-day」，只是按照老師教的死背正確拼寫。我就憑著這種英語程度，展開了在美國的生活。

在接下來的兩年裡，我報名了社區大學免費提供的英語課程，並開始準備GMAT考試[4]，打算申請研究所。儘管比高三考生時期付出更多心血努力準備，但我的英文口說能力不佳，成績也絲毫沒有起色。遺憾的是，由於英文不好，考試也沒準備好，無法進入理想中的大學。之後，我便和先生分隔兩地，獨自在異地念完五學期的MBA碩士課程，發了瘋似地拼命讀英文，實力也進步許多。

哪怕是在死之前，也想把英文學好

我帶著自信回到韓國，在摩托羅拉行銷部門上班時，雖然日常文件處理和開會都是用英文，但大部分用語和格式都是固定的，工作上不成問題。接著，換工作到禮來（Eli Lilly）時，情況也是如此，沒什麼太大的壓力。我心想，只要維持現在的英語水平，就足以應付工作，因此沒有再繼續認真學英語。

4 全名為 Graduate Management Admission Test，為申請美國商學院研究所、MBA入學所需的重要考試。

後來，我在三十多歲進入 Google 工作。當時我對自己的英文很有自信，儘管句子結構順序經常前後對調，時態也老是搞不清楚，單複數不分。以我這樣的英文水平，面對喜歡講話文謅謅，用字遣詞獨樹一格的媒體公關部門同事，我無法百分之百完全聽懂他們說的話，和大家一起開會時，也經常一知半解。「我聽不懂怎麼辦？」、「我能跟上大家的腳步嗎？」、「他們剛剛說了什麼？」只要稍不留神，會議就這樣結束了。再加上，在視訊會議上說英文又比實體會議來得更困難。會議上個個都是菁英人士，大家都有很多話想表達，講話語速又很快，很難找到合適的時間點切入。即便到現在，找到發言時機，對我來說仍是最困難的事。

雖然累積了許多英語經歷，但英語能力卻沒有與時俱進。「算了，沒關係，這種程度就可以了，我又不是在美國出生，也不是從小在國外長大，怎麼可能說出一口流利的英文？」我不想對自己失去信心，因此先畫地自限。然而，某天腦海裡突然冒出這樣的想法：「哪怕是在死之前，我都想把英語學好。」再這樣下去，職涯發展也會受限，學英文這件事不能再拖延了，至少要聽得懂別人在說什麼，工作才能順利進行，不是嗎？

那年，我四十歲。我再次踏上了英語學習的地獄之路。

務必把英文學好！

除非是英語母語人士，否則即使不是在 Google 上班，應該沒有哪個上班族不擔心自己的英文能力。無論是小公司或大公司、本土企業或外商、內勤工作或外勤工作、負責海外事務或國內業務，對上班族來說，英語都相當重要。不只是現階段重要，對未來的職涯發展尤為重要。從某一刻起，每當遇到學弟妹，或是到高中、大學演講時，我最強調的就是學英文這件事。

我可以舉出一百個英語很重要的理由，但若只能講兩個，第一，把英文學好，未來職涯發展大有可為；第二：對現在的工作助益匪淺。英文好的人和英文不好的人，能獲得的機會可以說是天差地遠。我經常舉這個例子問大家：在全球所有網路資料中，你們認為韓語大概佔多少比例？考慮到最近 K-POP（韓國流行音樂）和韓國電影相當盛行，有可能是十%？還是八%？

錯！都不是。根據全球網站語言分析結果顯示，英語占了六二％，韓語則是只有〇．五％，連一％都不到。如果只查閱韓語資料，將會錯過多少重要資訊和機會呢？由此可見，英語在所有語言中的地位舉足輕重。

若是你擅長英語，那是再好不過的事了，機會的大門就會「唰」地一下為你開啟。不過，就算托福成績優異，GRE 或 GMAT 的成績也不錯，與職場英語又是截然不同的一回事。英語程度落在七十分的人有很多，但高於這個水準的人卻是少之又少。尤其是在像 Google 這樣的公司，時常必須用英語進行討論，甚至是說服溝通，你不能只有七十分的水準，而是要「真的」很厲害才行。職場上所有的決策，最終都得經歷說服的過程，如果擅長以英語溝通，就能在工作上表現得更出色。

雖然國內就業市場儼然是一片紅海，但放眼海外，機會卻是多得不計其數。即使在 COVID-19 疫情嚴峻的狀況下，過去兩年期間，矽谷依舊錄用了大量人才。Google 全體員工人數在二〇一九年底為十一萬八千名，二〇二〇年底是十三萬五千名，到了二〇二一年底則來到十五萬六千名。在疫情爆發後，這兩年多內，每年持續成長的幅度超過十五％。不光是 Google，在矽谷也同樣掀起了人才爭奪戰。人事部門以拔擢人才為首要使命，希望在最短時間內，雇用更多優秀的人才。除了美國當地，很多是來自印度、中國、臺灣的人才。在具備基本專業知識的前提下，英語是進入矽谷大企業的敲門磚。

倘若你正在考慮要轉換跑道，最好先檢視自己目前的英語落在何種程度？這世界上有更多機會在等著我們，如果有一條想走的路，而且前景可期，從現在起就把英語學好吧！

14 四十歲才開始學英文的祕訣

來美國的這三年內，我每天會整理所有新學到的英文單字與用語，包括錯誤的發音和文法。那份文件現在已超過一千四百頁，裡面記錄了同事英文信件中出現的陌生詞彙、日後想使用的表達方式、商務英語簡報用語等，我把它們通通寫下來並背得滾瓜爛熟。雖然學英文學了這麼久，新的單字和用語依舊每天不斷湧現。儘管不由自主地嘆氣，但我會鼓勵自己不要放棄，告訴自己：「反正再怎樣英語的單字量都是有限的，不是無限的，是吧？那就一定會看見盡頭，今天學完一個後，就稍微離終點更近了。」

對於一個認真學英文超過十年以上的人而言，如果要給一項建議，那我會說最好越早開始學英文越好。像我從四十歲才重新開始學英文，那真的是生不如死。不管再怎麼反覆背誦，過幾天依舊忘得一乾二淨，實在讓人感到身心俱疲。不過，既然時間不能倒流，只要願意投入大量時間，終究能把英文學好。

Tip 1

打造持續學習的環境

比起選教材、選老師，更重要的是持續不間斷地學習，因此必須打造一個強迫自己持續學習的環境，像是報名實體課程，或和朋友一起學習，彼此互相督促。當然，這絕非易事。當生活忙碌疲倦時，很容易就會暫時擱置學英文這件事。因為看不到立竿見影的成效，再加上日常生活中也沒有必須學好英文的迫切情況。所以我從一開始就替自己安排實體課程，和同學一起上課。

起初，我在公司內召集三位同事組成讀書會，並和英文老師商量，每週幫我們上課兩次。過了幾年後，開始有人陸續退出，到最後只剩下我一個人。在那之後的七年內，我持續上一對一課程，英文實力日益增進。即使到美國後，現在仍維持每週四次與外語老師進行對話練習（出差時也會趁假日補課）。上一小時的課再加上三十分鐘預習，每天基本上都會花一個半小時的時間學英文。

來美國後，我報名參加國際演講協會（Toastmasters International），也是強迫自己練習英語演講的一種方式。為了上臺演講，在建構故事和累積素材的同時，為了吸引大家的注意力，也必須具備富含個人色彩的口語表達能力。在每週一次的聚會中，我會運用新的表達方式進行主題演講和即興演講。此外，也和韓國朋友約好每天在個人社群媒體上發一則英語表達方式，到現在已經持續第二年，因此學到了不少新的單字和用語，大家也會互相糾正發音一起複習，對學英文相當有幫助。

Tip 2. 找到適合的英文學習管道

除了持續學習外，盡可能選擇讓自己不容易感到厭倦的教材內容和教學方法，找到適合的教學影片頻道。看美劇或收聽 Podcast，也是不錯的方法。讓耳朵不斷沉浸在英文世界中，不僅能學英文，同時也能吸收新的資訊，可以說是一舉兩得。

最近我在社群媒體上發了一則貼文：「我愛上有聲書了，簡直令我為之瘋狂！」當然，我並不是一開始就愛上有聲書，恰恰相反，剛開始接觸有聲書時，我曾為此感到痛苦不已。不管是Podcast或Youtube，大部分偏口語化，內容也以易於理解的對話居多；但書中的用字遣詞都經過再三潤飾，句子也都是精煉過後的完整語句，可以藉此學到正規英文。

基於這個理由，我選了由湯姆．漢克斯（Tom Hanks）擔任配音的《倖存之家》（*The Dutch House*），作為我的第一本有聲書。然而，當我滿懷期待地打開有聲書後，卻讓我深感挫折。雖然湯姆．漢克斯以抑揚頓挫和富有情感的語調朗讀書中內容，我卻像鴨子聽雷般一句也聽不懂。聽完第一章後，壓根不知道內容在講什麼。聽不懂第一章，自然也無法繼續聽第二章，就這樣停擺了超過一個多星期，陷入地獄般的痛苦深淵。在那之後，反覆聽十次後，我奇蹟似地終於聽懂第一章，才繼續接著聽第二章。

直到聽完十本有聲書後，因為聽不懂而反覆收聽的次數才開始慢慢減少。一開始至少得聽十次才聽得懂，接著進步到七次、四次、兩次……。最近運氣好的話，甚至完全不必重聽就能聽懂，當下簡直開心到快飛上天。雖然過程充滿曲折，但從二〇二一年到現在，我總共聽了一百本有聲書。一本平均時間為十到十七小時的英文有聲書，每次最少重複聽兩次以上，算起來在這一年半內，大概累積了三千小時左右的學習時數。

Tip 3

現學現賣，學以致用

無論學再多英文單字和用語，都必須練習一百次以上，才能運用自如。倘若在影片或電影，甚至是有聲書中，聽到不錯的表達方式，不要只是聽過就好，而是要記下來並試著運用。建議可以在寫信或說話時，練習運用新學到的表達方式。寫下來並說出口，能夠幫助我加強記憶。我會挑選四、五個當天學到的單字和片語，寫下來貼在書桌前或是抬頭就能看見的白板上，當成是「今日單字／片語」，強迫自己在開會、寫信或聊天時，使用這些單字和片語。

如果不這麼做，就只會一再重複經常使用的表達方式。例如，想表達「我同意你的看法」時，雖然英文可以說「I agree.」，但也可以說「I can relate to you.」、「I couldn't agree more.」讓表達變得更豐富。上次開會時，某個同事說了這麼一句話：「We have a quorum. Let's get started.」我大概可以猜出來「quorum」指的是最低人數，但這並不是我平常會使用的單字。於是我把這個單字記下來，隔週輪到我主持會議時，馬上現學現賣，對大家說：「I think we have a quorum. Let's get started.」透過這樣的方式，不斷提升自己的語彙力和表達力。

Tip 4 將學英文昭告天下

就像下定決心戒菸或減肥一樣，必須昭告天下。當我們遇到不會的單字或用語，不要怕尷尬丟臉，盡量向別人請教，讓對方知道自己正在學英文，並詢問對方意見：「你覺得我的英文如何？」對方可能會說好聽話：「你的英文真的進步很多！」但也可以把這句話當成動力，繼續努力學習。

先前負責掌管亞太地區公關部門的副總裁，最近被派駐到歐洲分公司，前陣子剛好來美國出差。多年不見再度重逢，他稍微和我聊了一下後，突然驚訝地問我：「露易絲，妳的英文怎麼變得這麼好？」我和他分享這段時間以來學習英文的心路歷程，能夠聽到這樣的讚美，實在令人興奮不已，也因此更認真學習，這就是人性。

現在即使沒有刻意準備，我也能用英文應答如流。雖然我的學習速度很慢，但慢並不代表晚。人生永遠沒有太晚的開始，這句話聽起來像是老生常談，卻是千真萬確。只要從今天開始做起，明天就會有所不同；今天學不會的，明天可能就會了，就這樣一天一天地累積，日積月累不斷學習。如此一來，儘管到了五十歲，也可以明顯感受到自己英文越來越進步。無論如何，堅持下去吧！成功沒有捷徑，唯有堅持，學習語言更是如此。

15 我想吃的是雞翅啊

關於英文的三則糗事

　　那是發生在幾個月前的事。當時我正籌備德國媒體及報章雜誌採訪，已事先將流程告知與會高層主管，「等十分鐘簡報完成後，接著會開放時間讓記者們提問。（"You will give a presentation for the first 10 minutes and we will have some time for Q&As with the reporter."）」結果在進行採訪的前一刻，記者突然告知不需要進行簡報。因此，我寫了一封 E-mail 通知與會主管不需要進行簡報（"You don't need to be present."）。

　　我很快就收到回信，但信上卻寫著：「所以我不用參加嗎？」我立刻查找寄件備份，確認我寄給他的內容。天啊！我居然寫錯了！把我嚇得冒出一身冷汗，趕緊回信給他：「抱歉，是不需要進行簡報（presentation），但您還是必須出席（present）活動。」原來我把 present 和 presentation 兩個單字搞混了，這是英文初學者才會犯的錯。要不是對方有回信跟我確認，差點就開天窗了。

其二，去年底我前往紐約出差時，碰巧遇上班機延誤，便決定在飯店附近先吃點東西。看完菜單後，我點了雞翅（wings），但上菜時卻來了洋蔥圈（rings）。難道是我發音不正確，對方因此把 wing 聽成了 ring 嗎？我想，或許是因為酒吧太過吵雜，服務生才沒聽懂我在說什麼吧。雖然洋蔥圈也很好吃，但不免感到難過。看來，我的英文還有很長一段路要走。

其三，二〇二〇年電影《寄生上流》（*Parasite*）榮獲奧斯卡金像獎，Google 特地為此舉辦內部電影包場活動，員工可以邀請身邊的親朋好友參加，我便立刻寫信給朋友，信件標題是：「screening parasite」。但隔壁同事卻悄悄靠過來，低聲問我：「露易絲，所以你去醫院檢查了嗎？」

我聽了一頭霧水。一問之下才知道，原來同事看到我的信件標題，以為我是要去醫院檢查是否有寄生蟲（screening for parasites）。如果信件標題改成「screening the movie, Parasite」，就不會產生這樣的誤會。英文中的標點符號或大小寫一旦弄錯，都可能造成天大的誤會。

「韓式英語」口音非改不可嗎？

幾年前，我曾和兒子菲力普一起到印第安納州某個城市旅行。傍晚抵達飯店Check-in時，櫃檯人員突然對兒子說：「您母親的英文有口音，但您完全沒有口音呢！」雖然知道他是出於友善，想誇獎兒子的英語發音很道地，但我卻因此羞愧得無地自容。我根據此次經驗，以「對英文的看法」為主題，在國際演講協會中進行演講。英語必須說得像母語人士一樣，才算是厲害嗎？身為非母語人士的我，不管再怎麼努力，都還是一口「韓式英語」（Konglish），我到底要為此難過多久？針對這個問題，我的看法是這其實只是語言習慣上的差異而已。

由於韓語是由多個拆開音節組成，發音時習慣將每個音節都念出聲音來，而韓語中若只有子音就無法構成單字，因此念英文時，很自然會在尾音加上母音。例如，「strike」這個單字會拆為五個音節，念成「「S-T-R-I-K」，但在英文中它屬於單音節單字。我的英文老師也曾經提醒我，念英文時尾音不要拉長。如果沒有特別注意，我很容易會把「much」念成「muchi」、「peach」念成「peachi」。英語和韓語的語言特性不同，因而衍生出發音和口音的問題。

此外，說話時的動作習慣也有所不同。我到現在每次只要想到好點子，或記起某件事時，就會邊拍手邊大喊：「對耶！我怎麼沒想到！」想起來應該要取消餐廳訂位時，也會拍手大叫：「啊，對耶！（拍手貌）我得取消預約！」這時候，外國朋友們往往會被我的舉動嚇到，以為我怎麼了。雖然有點不好意思，但這就是我的說話習慣。

即使到現在，用英文講電話時，就算不需要表示贊同，也會不由自主地用 Yes 一直回應。因為在韓文中，為了讓對方知道我正在聽，會用各種語調說「是」，因此即便是說英文，還是會習慣性地回「Yes」。等回過神後，才會尷尬地補充說明：「抱歉，我剛剛回 Yes 並非表示同意。」

韓式英文，成了我的個人招牌

上述的例子只是在說明，韓國腔對英語口說造成的影響。我每次說英文時，如果不小心又冒出說韓文時的習慣，總是會覺得有點尷尬。不過，我漸漸覺得，韓式英語其實也算是我的個人風格。因此，就算說英文時，有韓文口音或出現韓式動作，也不會感到太過沮喪。

某次，和幾個朋友聊天時，有人故意嚇我，我不自覺地用韓語說出：「我的媽呀！」我突然意識到，不管英文學再久，母語已經深植在記憶深處，才會像這樣莫名冒出感嘆詞。最近，身旁的同事們已經知道我被嚇到時，很自然地會脫口而出「我的媽呀！」，於是我對他們說：「之後你如果被嚇到，別說 Oopse，改說『我的媽呀』試試看吧！」

在我的韓式英文裡，有著屬於我這個人的故事。遇到對異國文化好奇的朋友時，我獨特的腔調也是我和他們開啟聊天的話題。此外，這也成了我的個人招牌，讓別人因此對我印象深刻。在 Google 裡，認得我的同事比我認得的同事還要多，其中一個原因或許就是我的口音。我的一口韓式英文，反而讓我變得更特別。

韓國小說《柏青哥》（*Pachinko*）作者李珉貞，最近在哈佛大學演講時，曾對擔心語言問題的學生們提出了建議：「身邊不乏有人說我韓文不好、根本什麼也不懂，或者詆毀我沒有說實話。每當這時候，我都會覺得『那又怎樣』，我相信在場比我更了解韓國的人多的是，但我的感受力比任何人都來得強，並且知道如何將感受運用小說的敘事技巧表達出來，這就是我在做，而且盡全力做到最好的事情。」

儘管英語無法達到母語人士水平，這三十年來我在職場上累積的專業，以及全力以赴的態度是不容小覷的，只要知道這點就夠了。

對於在韓國出生，大部分時間都在韓國生活的我來說，說英文會有韓語口音，是再理所當然不過的事了。英文中的特殊腔調，證明了我仍在與英文奮鬥，為了與世界接軌，拼命努力把英文練好，因此，應該對自己帶有母語腔調的英文口音感到驕傲。不必害怕在英語母語人士面前說英文，儘管大方開口說。我們本來就是說著不同語言的人，代表了我們為了能和他們暢談無阻，正努力不懈地學習英文中。

在日復一日的生活中，很難感受到自己的成長。

並不是只要把工作做好，自然就會有所成長。

我們必須制定一套屬於自己的「充實計畫」，

每天持續進行自我充實，才能掌握未來的每一天。

PART 3

鍛鍊重新站起來的心理肌力

16

總有一天，我也能成功吹出聲音

我是一個急性子的人，每次投自動販賣機咖啡時，一按完按鈕，手就立刻伸進取杯口，想取出還沒裝滿的咖啡；吃泡麵時，連三分鐘都等不及，就開始大口大口地吃著還沒熟透的麵；打開冰箱時，東西還沒拿完，另一隻手就忙著關上冰箱門，有時甚至還會不小心夾到手。個性急躁如我，在工作時也不例外。每次一收到信，哪怕只寫幾句短短的話，就想立刻回信，因此常常不小心打錯字，或信還沒有寫完，就把信直接寄出去了。

不能害怕放棄，也不必害怕放棄

像我這樣凡事求快的個性，唯獨對放棄這

件事，卻不急著太快放棄。無論做任何事都會堅持到底，即使是令人厭煩的事，也會試著從中找到樂趣。這是我最大的優點，也是缺點。就算叫我一整天機械化的幫娃娃組裝眼睛，我也能樂在其中。不管做任何事都始終如一，全神貫注。

而練大笒這件事，正好將我的性格展露無遺。個性和才華與我截然不同的兒子，選擇主攻鋼琴，身為母親的我，也想學會某種樂器。大笒是一種在長度超過八十公分的竹子上鑿出吹孔，採橫向吹奏的樂器。世界上用這種方式演奏的樂器，除了大笒之外，絕無僅有。它能吹出各種聲音，無論是低音或高音都能駕馭。若以弦樂器為例，它就像大提琴一樣，音色深沉厚實，是一種能夠撫慰人心、充滿魅力的樂器。起初，吸引我學大笒的點，是因為幾乎沒什麼人學大笒。由於笛身長度很長，吹奏時手指間距必須要拉開，因此過往知名的大笒演奏家，大部分都是男性。這也再次激發了我的鬥志，越是困難的事，完成後獲得的果實也會更甜美，沒有理由不選它。

可是，為什麼沒有任何人告訴我？它不只是難學而已，而是連吹出聲音都有困難。大笒是一種即使用力吹，也不容許發出一絲雜音的樂器。有時吹出雜音時，也不知道自己做了什麼，才會發出那種聲音。吹奏大笒時，我的手指不夠靈活，指法也不太熟練。在大熱天時，渾身是汗地花了一半小時去上課，在三十分鐘的課堂上，經常吹不出聲音，只能吹出氣音，然後再花一個半小時車程回家。雖然有點誇張，但每次練完大笒後，我總會忍不住抱怨：「我如果哪天死了，一定都是大笒害的！」

我就這樣學了兩年，連聲音都吹不出來的大笒。儘管如此，我依舊繼續堅持，因為對大笒仍情有獨鍾。每當吹不出聲音，感到心煩意亂時，我腦海中總會浮現出一年前的畫面。「不管怎樣，至少和一年前比起來，有稍微進步一些。我相信只要繼續學下去，一定會越練越好的。」就這樣又過了兩年，終於開始吹出聲音來了。

「嗶！！！」

直到過了四年後，我才勉強可以吹出Do-Re-Me-Fa-Sol-La-Si-Do。今年正式邁入學習的第七年，雖然還只是初階中的初階，但已經可以跟得上旋律。這樣看來，比我更厲害的人是我的老師，居然沒有放棄這樣的我。

在這個強調「及早放棄、即時停損」的時代，某種程度上來看，我的「堅持」或許不合時宜。有時候聽到「一萬小時定律、堅持到底就能美夢成真」這些話時，也會覺得不切實際。「堅持」是我的優點，但有時也讓我陷入進退兩難的窘境。因為無法放棄做不到的事情，不知道何時該放棄，偶爾也會為此感到困擾。一想到投注在這些事情上的機會成本，就會覺得當初應該盡早放棄，這麼做只是在浪費時間而已。

花了整整七年的時間，苦練連聲音都吹不出來的大笒，如果把這些時間拿來做別的事情，或許會更好吧？同樣的道理，也適用在其他事物上。要是我沒有每天花三、四個小時苦讀英文，而是做其他事情，會不會來得更有收穫？放棄攻讀一間又一間的研究所，就能花更多時間陪伴孩子，不是嗎？每當出現這樣的想法時，就會開始害怕嘗試做某件事。

然而，如果因為考量機會成本，而無法開始投入做某件事，我們反而會錯過專精於某件事物的機會。這就像停留在Netflix首頁，思索著到底要看哪部電影，結果一整天看著螢幕，最後連一部電影也沒看就睡著了。不過，當我們投注時間和心力，專注做自己喜歡的事，並且堅持不放棄，終究會有所成就。不只是工作，人生中的選擇也是如此。

拓展我的世界

透過各種興趣愛好，持續累積「小小的成就」，這些經驗不斷堆疊起來，讓我變得對自己越來越有自信，無論遇到任何困難，也相信自己都能迎刃而解。大竽可以練到吹出聲音，還學會了游泳，劍道也考到四段，連這些事情我都辦得到，相信再難的事情都難不倒我。藉由這些經驗，我深刻體認到即使看似做不到的事、即使無法立即見效，唯有一步一腳印，才能讓自己有所成長。萬丈高樓平地起，學習就像爬樓梯一樣，必須循序漸進。或許會陷入自我懷疑，認為自己實力不見增長，但只要堅持到底，在某一刻將會迎來爆發性的成長，自己也能更上一層樓。

儘管一再經歷挫折，看似原地踏步，但從長遠來看，這其實是往上攀爬的過程。別忘了，無論在人生中的任何時刻，遇到任何問題，都不要放棄，相信自己並堅持到底，才能讓世界變得更寬闊！

17 在夢想的聖母峰上尊嚴盡失

我喜歡爬山，因為不用和別人比較，也不必著急，只要依照自己的速度持續往上爬，就能看見壯闊的美景。公司的事情經常讓我忙得喘不過氣來，甚至忙到沒時間上廁所（大概沒人想知道這個）。手機的提醒鬧鈴，從早到晚響個不停，每天都有一大堆開不完的會，整個人神經緊繃。每晚入睡前，如果不看一下手機，就會擔心自己錯過某些重要訊息，開始焦慮起來。

然而，就像電腦一直開著不關機，速度會變得越來越慢，身心也一樣需要休息。因此在休假時，我總是喜歡到可以離開網路、與世隔絕的地方。為了讓自己能夠暫時遠離網路，爬山便成了我的首選。

徹底與世隔絕，問題才會出現

爬山這件事，讓我可以活得更認真。從白朗峰環線健行開始，到喜馬拉雅山的安納布爾納峰、珠峰大本營、吉力馬札羅山、非洲越野旅行、斯里蘭卡背包客旅行、有「地球的肚臍」之稱的澳洲烏魯魯巨岩健走……在漫長人生中，為了走得更久更遠，我總是會在中途休假去爬山旅行，把這一年來填滿的東西全部清空，為了下一年做準備。這種方式的旅行，有時候甚至太過放空，休假回來後連電腦密碼都忘了。

好笑的是，讓自己完全與世隔絕，脫離公司和網路，回來後並沒有脫胎換骨般的煥然一新，反而好一陣子都在狀況外，因為腦袋完全放空了。不過，像這樣讓自己回到一張白紙的狀態重新開始，才能揮灑出新的色彩。如果不讓自己清空，就無法再容納新的東西進來。

二〇〇八年，我踏上了安納布爾納峰環線徒步之旅，安排了為期十三天的健走計畫。那是我自二〇〇七年普恩山瞭望臺健行後，第二次來到喜馬拉雅山。行經安納布爾納峰環線途中，必須越過兩次海拔五千公尺的埡口，近十年來透過慢跑鍛鍊體力，再加上第一次就成功登上安納布爾納峰普恩山瞭望臺，我有信心這次也一定能走完全程。花了一大筆錢，來到令所有登山者嚮往的聖母峰，不由得升起一股壯士斷腕的決心。我和同一時間抵達的人們，四人組成一隊雇用雪巴人和搬運工。只要每天按照預定的行程前進，完登看似並非難事。

從博卡拉出發，前四、五天都很順利。然而，當海拔逼近三千公尺後，我開始感到噁心想吐，肚子時不時咕嚕作響。這是當身體無法適應海拔三千公尺以上時，會出現的典型高山症狀。不久後，我因為劇烈嘔吐和腹瀉，連走路都有困難。身體雖然很不舒服，但在攀爬途中無法控制大小便這件事，讓我整個人尊嚴盡失，心情糟糕透頂。就在抵達至高點海拔五千公尺埡口的前兩天，隊友們也因為我的關係，被迫停下腳步，我對此感到愧疚萬分。

事實上，出現這種症狀時，當機立斷立即下山才是對的。因為高山症很可怕，即便是有專業登山人士一同前行，都有可能會奪走性命。然而，當時的我，比起身體的不適，更讓我感到痛苦的是內心的糾結，好不容易來到聖母峰，我並不想就這樣徒勞而返。

費盡千辛萬苦才走到這裡，難道真的就這樣下山嗎？我來這裡到底是為了什麼？……我陷入懊惱的迴圈，對自己感到失望，無法果斷放棄。為了休十五天以上的長假，在盡可能不耽誤工作的情況下，我趁休假前辛苦加班了一個多月。排除萬難來到這裡，我居然對此後悔萬分；明明是喜歡才會來的，我為何要後悔？旅行不是應該開開心心的嗎？歷經艱辛抵達小鎮後，我癱坐著痛哭失聲。

當我正在啜泣時，一名同行隊友緩緩走向我，輕拍我的肩膀說：「很難過吧？沒事的。雖然現在的妳，或許會覺得自己為什麼要受這樣的苦？但事後回想起來，即使是哭泣，妳也會為此刻的自己感到驕傲。」聽完他的安慰後，我的心情逐漸平復下來。心想著反正就盡自己最大的努力，能走多遠就走多遠，只要盡情地享受就好。當我下定決心後，內心莫名地感到安慰。幸好吃完藥後，身體狀況也好轉許多。縱使速度稍慢，最終仍順利越過海拔五千公尺的埡口，完成了夢寐以求的登頂任務。儘管過程中一度尊嚴盡失，卻慶幸自己並未放棄。

人生並不是速度之戰

就這樣過了一年後，我決定第三度挑戰聖母峰，這麼做當然也是為了洗刷第二次攻頂的黑歷史！我帶著雄心壯志做足準備而來，這次要挑戰的路線是卡拉帕塔山丘，據說那裡是眺望聖母峰的最佳視野之處。為期十七天的攻頂行程，我們每天按照既定路線前進，遵照登山指南書上的規劃，走完每天的目標里程數。下午四點，結束一天行程回到小鎮後，一邊翻閱登山指南，一邊確認明天的行程，包括上午預計行走的距離、休息中繼站、午餐用餐地點、住宿安排等，對自己的規劃感到很滿意。

此時，身旁有兩名似乎來自歐洲的年輕男子，正熱絡地討論著明日的旅程規劃。我主動向他們搭話，順便也想炫耀一下我的行程。「你們明天的行程都排好了嗎？明天打算走到哪裡？晚上預計在哪個小鎮休息？」然而，他們像是不知道該回什麼才好，面露無奈地笑著說：「嗯……我們還不知道明天要住哪裡？連明天中午在哪吃飯都不知道了，更別提住哪裡了。我們其實沒有任何規劃，打算邊走邊看，看到漂亮的風景，就放慢腳步佇足欣賞。如果天氣不好，就到鎮上店鋪喝茶聊天。沿途經過喜歡的城鎮，就在那住一晚。妳連明天要住哪都規劃好了嗎？」

我瞬間愣住，忍不住好奇地問：「你們連要走到哪裡、要睡哪裡都沒有規劃，這樣怎麼可能攻頂？」於是，他們又再次笑著說：「誰說爬山一定要攻頂的？山又不會跑掉，這次沒攻頂，下次再來不就好了嗎？」

這句話對我來說，無疑是一記當頭棒喝。自從開始爬山後，每次我都堅持要攻頂。無論是郊山或高山，我都認為必須要攻頂才有意義。因此，即使在飽受高山症所苦的情況下，依舊咬牙爬完全程。我把爬山當成是公司專案一樣進行，制定周詳的計劃，認為唯有「徹頭徹尾」地按照計劃執行，才稱得上是完美的旅行。爬山過程中，只想著要拼命趕路，我突然對此感到羞愧不已，也為這樣的自己感到心寒。我不由得問自己：「我爬山到底是為了什麼？如果把爬山當成是『公司專案』，那我幹嘛大老遠跑來這？」

慢慢來，才能走得更長久

我喜歡挑戰像喜馬拉雅山這種高山是有原因的，因為越具挑戰性，越有成就感嗎？一半對，一半錯。其實越高的山，反而越好爬。比起喜馬拉雅山，智異山更難爬；比起智異山，京畿道的華岳山[5]更難爬。當目標越小，越容易在短時間內達成，就會想急著趕快抵達終點。然而，征服高山時，沿途有休息的地方，只要按照自己的步調，調整呼吸繼續往前走，幾天內就能攻頂。即使今天狀況不好，速度稍微慢了一些，明天再挑戰就好。換句話說，目標越大，反而更不容易放棄；反之，位於島嶼的小山丘，雖然高度只有海拔三百公尺，但從地平線開始就必須攀登陡峭的上坡路，再加上還得趕回程船班時間，在時間壓力下越容易感到急躁，越覺得攻頂難如登天。當身體跟不上飛快的心時，目標就更難達成。

我的人生歷程也是如此。在漫長人生與職涯中，盡可能幫自己設定大目標，朝著

5 智異山為韓國本土最高峰，海拔為一九一五公尺；華岳山是京畿道的郊山，海拔為一四六八公尺。

目標持續前進。為了達成目標，把每天的時間切割成好幾個區塊，把一天過得像是四十八小時。

然而，那兩名歐洲年輕人卻告訴我，只要繼續往前走就好，甚至勸我放棄攻頂的目標。神奇的是，照著他們的話去做後，我重新找回了旅遊的樂趣。我開始調整急促的呼吸，也能夠放慢腳步欣賞週遭的風景，細細品味喝下去的每一口水，享受微風迎面拂來的浪漫。第二次登山時，沒能好好感受呼吸，剛好趁這個機會，盡情地呼吸著喜馬拉雅山的空氣，獲得真正的休息。從那次之後，我對旅遊又多了幾項原則。除了必須符合徹底遠離塵囂、長途健走的原則之外，還有一項就是：慢遊！

達成遠大的目標固然重要，但有時也需要把目標拋諸腦後。即使今天無法按照原定計畫，面臨必須提早下山的情況，山依舊在原地等候。這次放棄攻頂任務，下次再挑戰也無妨。只要目標還在，就永遠有機會達成，慢慢來，一步一腳印，才能走得更長久。

18

我在AlphaGo對決中學到的事

如果有人問我這兩個問題：「在Google任職十五年內，印象最深刻的一刻是？」、「在Google任職十五年內，最膽戰心驚的一刻是？」

我的答案是一樣的，「那就是二〇一六年在首爾舉行AlphaGo對弈大賽時。」

當圍棋新手遇上AlphaGo挑戰賽

若你曾經看過《AlphaGo》紀錄片，還可以在影片中看見我在會場後方不斷來回奔波的模樣。即便過了六年，比賽當天場景依舊歷歷在目，但同時也不免覺得：「沒想到人生中居然會遇到這樣千載難逢的機會！」至今仍感到不可思議。

二〇一六年三月，我參與了一場人類史上振奮人心的盛事，正是人工智慧（AI）與人類的對決——AlphaGo 與韓國職業九段棋士李世乭的對弈現場。這是 AlphaGo 圍棋挑戰賽紀錄中，人類唯一擊敗人工智能的一次。

Google DeepMind 成立於二〇一〇年，是一家旨在運用人工智慧幫助人類解決問題的公司，試圖研發出電腦操作最複雜，同時也被視為是人工智慧終極挑戰的圍棋程式演算法。由 DeepMind 研發出來的人工智慧圍棋程式「AlphaGo」，在二〇一五年曾擊敗歐洲圍棋冠軍二段職業棋士樊麾。翌年，更進一步向過去十年來稱霸圍棋界的九段棋士李世乭下戰帖。這場賽事正式全名為「AlphaGo 李世乭五番棋」，又稱為「AlphaGo 挑戰賽」，不只對 DeepMind、Google 和九段棋士李世乭來說是挑戰，對我而言更是人生中的一大挑戰。

在韓國舉辦的這場 AlphaGo 對弈大賽，時間點雖落在三月，但身為主辦方的 Google 韓國，從幾個月前就已經如火如荼地布置當天會場，並著手進行各項事前準備作業。就連 Google 創辦人謝爾蓋・布林（Sergey Brin）及當時 Google 執行長艾立克・施密特（Eric Schmidt）都親自訪韓，堪稱是一場意義重大的盛會。

在這場全球矚目的盛事中，身為媒體公關策略總召的我肩負重任。一想到我所做的每一件事，都會透過全球媒體傳播出去，不禁令我備感壓力，但同時內心也升起一股奇妙的悸動與緊張感。對圍棋一竅不通的我，居然能站上世紀大對決的舞臺！

從大方向到小細節，紀錄歷史性的一刻

首先，我們的目標是，如何將這場人工智慧與人類的歷史性對決轉播至全球各地？一開始，我們先從大方向擬定策略，再從細節處著手規劃。除了在韓國棋院、DeepMind及九段棋士李世乭之間居中協調，還包括尋找比賽場地、確認舞臺搭建事宜，每一件事都由我們經手處理。

光是要找到適合舉辦比賽的場地，就不是件容易的事。因為必須具備各種條件，包括讓AlphaGo人工智慧程式得以穩定運行的網路設備和控制室、最關鍵的對弈場地、寬敞的記者會空間、實況轉播同步口譯室、備用休息室等。好不容易找到一間位

於光化門，坐落在象徵韓國文化景點附近的飯店，以對弈場地而言，再適合不過了。

然而，更困難的是，如何向大眾闡述願景。無論對圍棋是否了解，或對人工智慧是否感興趣，讓大眾認識AlphaGo並了解這場對弈的意義，是身為媒體公關負責人的我，最重要的一項任務。我們費盡心思想讓大家知道：「無論是AlphaGo獲勝，或九段棋士李世乭獲勝，最終獲勝的都是人類的創造力。」

在Google韓國媒體公關部門與DeepMind細心準備下，一切進行得很順利。為了引起媒體關注，我們事前安排在記者會上，讓人在倫敦的DeepMind創辦人德米斯・哈薩比斯（Demis Hassabis），與人在首爾的九段棋士李世乭進行視訊通話，並精心設計了隔空擊掌的橋段。不過，當時關心這場賽事的人，仍以圍棋界人士居多。收到當天預計出席記者會的人數回覆，全球加起來不到一百人。為了以防萬一，我們還特地準備了兩百人的座位，會場最多可容納三百五十人，心想這下應該萬無一失了。

關注度越高，現場更是分秒必爭

然而，問題總是發生在自認為「萬無一失」的時候。比賽舉辦在二〇一六年三月九日至十五日，共五局對弈。首兩局結束後邁入下半場，電視臺與報社記者開始陸續湧入會場，連續幾天新聞版面上都是圍棋賽事相關報導，這場比賽不再只是圍棋界的盛事，而是眾所矚目的焦點。不僅佔據了各大新聞版面頭條，就連光化門附近街頭所有電視牆，也都爭先恐後地播報賽事相關新聞。

隨著媒體關注度越高，我們在現場更是分秒必爭。每場比賽結束後，必須立刻著手準備英韓記者會，忙著撰寫新聞稿。而最讓我備感壓力的是，深怕會場座位不足應付。基於維安考量，記者會採取事前申請許可制。但賽事話題熱度持續延燒，大批未在事前提出申請的媒體記者紛紛蜂擁而至。

第三局比賽當天，原本預計只有一百位出席，現場卻湧進了五百名記者，超過會場容納人數的兩倍之多。在五戰三勝制的賽局中，九段棋士李世乭已經連輸兩局，接下來這場比賽會是關鍵，究竟是 AlphaGo 會一舉奪得三勝，抑或是李世乭會贏來首勝？無論結果為何，都備受外界矚目。儘管將桌子全部撤走，只留下椅子，記者會場座位仍供不應求。由於座位不夠，從世界各地遠道而來的記者們，只能席地而坐或是站著，甚至連架設攝影機的地方都擠得水洩不通，沒有位置擺放。原以為做足萬全準備，連計畫B、計畫C都安排妥當，但計畫永遠趕不上變化。

沒關係，天不會塌下來

即使面對這樣的突發狀況，我們也並未陷入恐慌。事實上，是連恐慌的時間也沒有，因為活動還是得持續進行。我們就像念咒語一樣，不斷告訴自己：「沒關係！就算失敗了天也不會塌下來，世界也不會因此毀滅。」

必須說，這句話的威力真的很強大。身處在危機時刻，哪怕是微不足道的小失誤，也會讓人崩潰。當發生意料之外的狀況時，一旦開始緊張怯懦，就很容易鑄下大錯。這時候只要說出：「沒關係，天不會塌下來。」神奇的是，就能帶給我莫大的力量。無論是舉辦世界級大型活動，或與享負盛譽的名人對談，都不會感到膽怯。

「做不到就算了！就算失敗，天也不會塌下來。」對自己說完這句話，讓心情安定下來後，事情就會開始變得越來越順利。危機之所以是危機，正因為它只發生在瞬間。李世乭最後在第四局時終於逆轉勝，成功擊敗AlphaGo。李世乭抓準了AlphaGo的棋路，讓AlphaGo判斷失準，不小心下錯棋。當螢幕上跳出「AlphaGo棄子認輸」的訊息，這也意味著AlphaGo宣告落敗。

隨著五局結束，令眾人屏息凝神、恍若隔世的賽事也劃下句點。雖然最終僅獲得一勝，但全世界都在為人類擊敗AlphaGo歷史性的一刻歡呼。戰勝AlphaGo的李世乭棋士，在第四局結束時曾如此說道：「贏了一局比賽，卻獲得這麼多的祝賀，這是有史以來第一次，今日的勝利無可取代。」

失敗了再挑戰！我們還有下一局

當時，九段棋士李世乭只考慮不到三分鐘，就答應與AlphaGo對弈的提議，展現出驚人氣魄。他表示：「我一直都很好奇，人工智能的圍棋實力究竟有多強？我想，最好的方式就是直接和它下一盤棋。」被公認為世界最強棋士的他，難道不會擔心自己萬一輸了怎麼辦嗎？

但他反而樂在其中，似乎很享受與AlphaGo對弈。在第一局結束後的記者會中，他是這麼說的：「雖然受到很大的衝擊，卻也覺得很有趣。我一點也不後悔，因為日後的圍棋更令人期待。」看到他無所畏懼的樣子，令我為之動容，想效仿他的這種氣魄。或許當他與AlphaGo對弈時，即使預料到自己會落敗，但在那一刻心裡想的也只有「下一局」。就算這局輸了，也不會因此感到沮喪，腦海裡只想著下一局如何贏回來。

沒錯，就算輸了天也不會塌下來，人生並不是一局定勝負。只要一口氣還在，就永遠有下一局。即使現在看似失敗，也要勇於挑戰，不要安於現狀。無論在哪裡、做任何事情，都要抱著這樣的態度去面對。失敗也無妨，重新再挑戰就好！

19

專業休息者的休息之道

我來美國後，有過一次放風箏的機會。放風箏時，懂得調整風箏線的鬆緊度是很重要的。如果風力太過強勁，風箏線拉得太緊，線很容易因為無法抵抗強風而斷裂。為了不讓風箏線斷裂，必須先慢慢鬆開手中的線，讓風箏稍微自在飛舞後，才能飛得更高、更遠。看著風箏，我想起了一位後輩。

職場生活只有兩三年？

這位後輩的工作能力很強，事業心旺盛，做起事來相當認真，一開始升遷速度也比別人快兩倍。他雖然在Google韓國工作，但同時負責歐洲和美國團隊專案，因此必須經常與其他國家開會。然而，當我偶爾凌晨有電話會議，需要提早進辦公室時，發現他人早已在公司。就連過了晚上十二點，都還待在公司工作，不是拿著電話筒講電話，就是坐在電腦前拼命回 E-mail。

看到這樣的情況好幾次，我忍不住問他：「認真工作固然是好事，但你這樣會不會太過勉強了？」他回我：「我只有在傍晚過後，才有時間和倫敦團隊開會討論。原本和他們開完會就可以下班，但如果把他們提供的資料，整理完後轉寄給紐約團隊，接著早上再轉給山景城總部，美國團隊就不用等，可以多爭取到一天的時間。也因為這樣，我大部分晚上的時間都在熬夜，白天也不是閒著沒事幹，還有其他工作要做。話說如此，我還是覺得工作很有趣。」

令人惋惜的是，向來樂在工作的他，健康卻亮了紅燈，只能被迫暫時休息。雖然看似比別人走得更快，但以結果來看，這並非長久之計。事後才知道，他好幾年來不曾休假過，光是沒休完的休假天數就累積高達五十天。不僅沒時間運動，就連週末也沒休息。他一直覺得公司不能沒有他，總是感到焦慮不已，絲毫不敢鬆懈。

每個人都應該成為專業休息者

並不是只要有錢有閒，誰都可以去度假。很多人根本不敢以休假為由，離開工作崗位超過一星期以上。能力越強的人，越害怕錯過某些事物，也就是錯失恐懼症（Fear of missing out，簡稱 FOMO）。這類型的人必須出席每一場重要會議，才會感到安心或覺得如釋重負。只要完成某項專案，就會開始著手進行另一項專案，無法忍受自己沒事做。即使順利升遷，也一樣對未來充滿擔憂，不斷思索著如何才能繼續快速升遷。一旦踏上這條不歸路，你的職場生活就變得令人窒息。

有些人醉心於在兩三年內迅速升遷，因此拼命努力工作，但這種做法並非長久之計。我經常勸誡後輩們：「你們只打算工作兩三年就退休嗎？如果不是，就要好好照顧身體，不要只想求快。就像風箏一樣，若是把自己逼得太緊，很容易就會斷裂。」

倘若還打算繼續工作，適度休息是必要的，如此才能有更進一步的突破。拼命追求自我成長、事業成功、自我提升……只顧著往前衝，就算是體力再好、善於自我激勵的人，也會感到疲倦。因此，對上班族而言，充分休息和工作一樣重要。

我希望自己能邁向「專業休息者」之路，無論是休半天、一天，或是一兩個星期以上的長假，都能把假期過得充實精彩。我在還沒進Google前，待在禮來製藥廠時，每年到了十二月初，由於公司全數停工，通常在十二月中比較能請兩三個禮拜的長假。不過，進入Google工作後，幾乎沒有人敢休假超過一星期以上。當時公司仍處於草創初期，再加上並無先例，大家都不太敢休假。身為主管的我，心想應該要以身作則，於是在年末時，毅然決然丟出假單，安排為期兩、三個星期的休假計畫。起初，大家很擔心請假會引來旁人側目，但漸漸地也開始陸續有一兩個人效仿，展開兩三週的長假之旅。

跳脫日常生活軌道

二〇一八年是我在Google工作的第十年，當時我請了五個星期的長假，準備展開度假之旅。沿著西班牙聖地牙哥朝聖之路行走時，我享受著與世隔絕的孤獨感。年屆五十的我，希望藉由這趟旅行重新檢視自己，並思考未來五十年該如何度過。我預計每天走二十至三十公里，用為期五週的時間，從西班牙徒步走到葡萄牙。

我一個人獨自走了一個多月，但沿路上也認識到許多朋友。若是在大老遠看到前方有人，就快步跟上與對方一同前行；若是看到後方有人，就稍微休息一下等對方跟上腳步。在大約走了四百公里的那天，我偶然在路上認識了某位女性朋友，像往常一樣互相自我介紹後，開始與對方攀談。看起來像高中生的她，告訴我現在是她的「壯遊年」（Gap Year）。原以為她是趁上大學前，正要步入社會的這段期間，刻意給自己一段空檔，沒想到她卻告訴我她才國中剛畢業，正準備讀高中。我正想問對方：「所以妳年紀比我兒子還小嗎？」但在那一刻，我突然想到，如果我脫口說出：「我有一個年紀比妳大的孩子！」她可能壓根不想跟我說話。於是，我趕緊轉移話題。

看來不管是十五歲也好，五十歲也罷，想要走得更長遠，任何人都需要稍微休息一下，讓自己暫時跳脫日常生活軌道。此外，倘若沒有來到這個地方，我也沒有機會和這些成熟的朋友們聊天，這樣的想法一直未曾離開過腦海。

在聖地牙哥漫長的假期中，我遇見了無數的人，也和許多人交談過，但其實我最常對話的人是我自己。在每天徒步行走二十至三十公里的旅程中，除了呼吸、休息、喝水、吃飯之外，沒有別的事情可做。剩下的時間裡，我不禁回顧過往人生。童年時的我、人生逆轉前的我、人生逆轉後的我、為人女兒的我、為人母親的我、上班族的我、身為社會一份子的我、開心時的我、難過時的我、孤單時的我……在這五個星期裡，我不斷思考著自己在這個世界上呈現出來的各種樣貌。

在生活中，也需要保持距離

然而，當我們重新全盤審視自己時，對於過去那些羞愧、悲傷的回憶，也會改以正面的角度看待。事實上，由於我們每天生活步調緊湊，連上廁所的時間都沒有，幾乎不可能有時間和餘裕從各種面向自我檢視。

遇到部屬出言不遜時，平時或許會覺得：「為什麼他會用這種態度跟我說話？」但在旅行途中，讓自己有一些時間沉澱，能以客觀的角度看待這件事情時，就會覺得：「啊！當時我如果能夠這樣回他就好了。」工作上也是如此，以前可能會認為：「只能做到這樣，真可惜！」後來則會覺得：「下次專案再朝這個方向改進就好。」

過去一直陷入糾結，心想：「為什麼當時這麼痛苦？」但現在回想起來，也會覺得這件事沒什麼好難過的，可能是因為太累了，才會過度反應。像這樣出自本能反應的負面思考，經過深思熟慮後，不知不覺也會轉化為正向思考。旅行過程中，也會讓我開始接二連三地思考過去待在公司裡不曾有過的念頭，開始看見過去看不見的面向。

不僅是在公司內，也會開始思考工作以外的事的我，不斷重新檢視自己時，過去從未想過，甚至是遺忘的回憶也一一浮現。就連國小五年級時，媽媽對我說過的話也湧上心頭。平時太過忙碌，不曾注意過自己，卻在旅行途中重新看見不一樣的自己。

在疫情這段期間，大家或許也有過類似的經驗。藉由與熟悉的人或關係「保持距離」，不必在乎別人的眼光，就能更明確地知道自己喜歡什麼、討厭什麼。如此一來，也能體認到圍繞在身邊的關係有多麼重要。同樣地，旅行和休息也讓我們可以和熟悉的生活稍微保持距離，也可以稱為「總觀效應」（Overview effect）。就像太空人在空無一物的宇宙空間中，從太空俯瞰地球時，會由衷升起感動一樣；若能拉開距離，重新檢視自己過往的人生，被消耗殆盡的心力，也會稍微重拾力量。即使回到日常生活中，也有勇氣面對任何事物。

20 創造好氣場的特殊習慣

「工作壓力壓得我喘不過氣來。」

「我主管似乎總是看不見我的表現。」

「花了一個多月準備的專案，公司高層開完會後卻決定不做了，實在令人崩潰。」

「客戶們的不滿情緒高漲，但我卻無能為力。」

「只要一想到上班，就覺得胸悶。」

在職場生活中，工作壓力是難以避免的。若是再加上家庭和育兒壓力，那更是猶如地獄般的痛苦。面對難以解決的複雜問題，每天都像在打仗一樣。再加上過去這兩年多來，遇上百年難得一見的新冠肺炎疫情，我們的生活陷入一團混亂。當日常出現遭逢變動的心理危機或考驗時，如果我們總是像翻車魚一樣搖擺不定，影響的不只是一天、一週或一個月，時間久了，也會影響整個人生。

習慣的力量，能讓人迅速恢復自我

人生難免會遇到困難，但若能堅定信念，不被這些事情擊垮，很快就能克服心理危機。即使經歷再大的痛苦，也擁有迅速恢復正常狀態的「復原力」（resilience）。對上班族而言，鍛鍊心理肌力最好的方法是建立習慣。不是隨波逐流地被環境或氣氛影響，而是建立一套屬於自己的例行公事，盡可能讓自己維持穩定狀態。

試想，假設在職場上忙到筋疲力盡，自信心跌落谷底，回到家後，你會怎麼做？「既然今天心情這麼差，去喝個酒好了。」但這麼做，只會讓自己隔天早上醒來更累、更無力，無法結束負面情緒的惡性循環。

不過，如果一如往常地穿上運動鞋去慢跑，或是把昨天讀到一半的書，讀完後再入睡呢？或許會覺得稍微有點累，但因為過得很充實，很快就能離開情緒漩渦，混亂的心情也會逐漸恢復平靜。當我們能夠擺脫負面情緒，就能重新獲得正向力量。即使天塌下來，也必須堅持的習慣，讓我們得以在生活的軌道上繼續前進，同時這股力量也帶領我們走向更美好的未來。

在三十年職場生活中，幫助我鍛鍊心理肌力的最大功臣，正是長久堅持的習慣。看到那些喜歡改變的人時，總會讓我感到害怕。他們就像沒有根的浮萍，遇到急流就會被捲走。變化固然重要，但唯有堅持不懈才能把基礎打穩，讓路走得更長久而不疲憊。更重要的是，倘若沒有這些習慣作為後盾，我想我無法在競爭激烈且變化多端的職場中生存。藉由充實的日常生活，從中獲得小小成就的喜悅，讓我在工作時總是保有活力，面對各種挑戰，也能毫無畏懼。

讓生活充滿活力的習慣

讓生活充滿活力的第一項習慣，當然是運動。對我而言，走路和跑步就像是一種宣告工作開始和結束的儀式。雖然聽起來有點矛盾，但透過運動消耗體力，才是獲得體力的最佳方法。偶爾對每日例行運動感到疲乏之時，我會踏上超越自我極限的冒險之旅。通常我會背著背包前往高山，健行約三至四公里。儘管高山縱走很累，但每當完成艱困的任務後，內心的悸動也是難以言喻。

第二項習慣是以激勵人心的內容，填補生活中的空閒時刻。早晨慢跑和傍晚散步時，我經常會聽 Podcast 或有聲書。雖然有各種頻道，但我聽的大多是彙整更新當日重點新聞的《NPR 當日新聞》（*NPR News Now*）、談論 IT 產業相關議題的《邊際》（*The Vergecast*）或是《解密 Recode》（*Recode Decode*），還有介紹女性創業家故事的《給身為職業女性的妳》（*9 to 5ish with theSkimm*），以及分享持續挑戰職涯案例的《重啟》（*ReLaunch*）。除了練英文聽力，當工作疲憊時，聽到這些人的成功與失敗和他們勇於挑戰的故事，也會成為激勵我前進的動力。

第三項習慣是暫時與手機分手。我有一套重整生活的個人儀式，那就是在一段時間內不看手機的「數位排毒」。我是典型的手機重度使用者，上班忘記帶錢包出門就算了，但忘記帶手機的話，肯定百分之百馬上回家拿。我只要沒看手機就會很焦慮，在路上東翻西找，習慣性地查看社群媒體和信件。疫情居家辦公期間，我對手機的依賴程度更是嚴重，一刻也不能沒有手機。手機就好像是和世界聯繫的唯一管道，卻讓人感到更加孤單。

因此，我乾脆替自己設定一段時間不看手機。在下班後或週末期間，暫時不使用手機一到兩個小時。吃飯時，在餐桌上也絕對不拿出手機，並設定晚上十點過後關閉所有通知提醒。事實上，最理想的數位排毒是什麼呢？就是讓自己待在接觸不到手機或3C的環境中，讓自己與世隔絕。趁週末假日爬山或旅行，就能進行長時間的數位排毒。

擁有正向心態、好氣場的人

充滿正能量和從容不迫的人，他們的氣場（aura）很特別。氣場，指的是圍繞在一個人週遭的能量或特殊的氛圍，它不是一瞬間營造出來的，而是反映了一個人的生活態度。待人處事寬容、對工作懷有熱情、體態端正、身體健康……這些良好習慣的堆疊造就出來的「氛圍」，正是一個人的魅力所在。

像這種正向氣場和正能量，上了年紀後越難維持。隨著體力衰退，不只是工作，連玩樂也提不起勁。在職場上，處理需要在期限內完成的工作事項時，有時也會感到力不從心。如果要兼顧育兒工作，在家裡也無法真正休息。

當身體和心理長時間處於疲憊狀態時，讓人恢復正常狀態的復原力會逐漸變弱。遇到危機時，讓我們不會陷入崩潰、挺過難關的心理肌力也會開始衰退；反之，那些精神飽滿、笑容滿面的人，總是滿懷喜悅並充滿活力。看到他們面露笑容的樣子，也會不由自主想幫忙，想和他們一起共事。當我們能夠提升復原力，自然就能維持在一定的能量水平。

一開始到美國總部上班時，辦公室的氣氛讓我稍微有點訝異。一提到Google，大家的想像不外乎是自由、充滿活力氛圍。但不知道為什麼，早上上班時每個人就像是進到圖書館一樣，輕聲向身旁同事說完「嗨」、「早安」後，就靜靜地打開筆電埋頭工作。或許這是一種體貼，怕打擾到正忙著工作的同事，但和首爾辦公室喧鬧的氣氛相較之下，總部辦公室安靜得有些壓抑。

曾在首爾分公司舉辦各種活動，喜歡和同事們「玩」在一起的我，實在看不慣總部辦公室沉悶的氣氛。事後聽其他同事們說，他們即使早上進辦公室時想和其他人打招呼，但因為氣氛太過安靜，也只好打消念頭。我並不介意打破寂靜，從第一天上班起，就開始到處跟人家打招呼，以相當爽朗的聲音說：「大家好！」、「祝大家有個美好的夜晚。」、「週末過得好嗎？」（換作是大學時期的我，根本不可能這樣做。）大家一開始雖然露出一臉尷尬的表情，但時間久了也慢慢習慣，面帶笑容回應我的人也越來越多。

陽臺花盆裡的花草樹木喜歡向著陽光，即使轉動花盆方向，也一樣會朝向陽光彎曲生長。生物本能喜歡靠近光源迴避黑暗，這種現象稱之為「向陽效應」（heliotropic effect）。也就是說，它們會傾向趨近讓自己健康的事物，並遠離危害健康的事物。這種向陽效應不僅適用於個人、公司，也適用於整個社會文化，大家會傾向於朝著讓自己變得更積極的方向前進。因此，當你散發出積極正向能量時，人們自然會喜歡靠近你。

你也想像陽光一樣，在生活中持續創造源源不絕的正能量，成為人群中的焦點，讓大家圍繞著自己打轉嗎？那麼，不妨讓自己的每一天都充滿活力吧！

21

尋找百分之一自我碎片的旅程

「你也捨不得我離開嗎？」

在夏威夷茂宜島待了一個月，準備打包行李回家。當我正在收拾行李時，貓咪一直窩在我的行李箱上不肯移動。「啊！終於也到了要說再見的時候。」看著貓咪用小腦袋不斷地在行李附近磨蹭的樣子，心中不由得感傷起來。去過無數個地方旅行，住過無數間民宿和Airbnb，一直以來，我總是刻意避開有養貓的住宿。說來有點好笑，小時候讀完愛倫・坡（Edgar Allan Poe）的小說《黑貓》（*The Black Cat*）後，我只要看到貓咪就會覺得很恐怖。

然而，或許是因為夏威夷的異國風情，也或許是因為在全球疫情危機下，還能享受到處工作、到處旅行的樂趣，我臨時起意預約養了兩隻貓咪的民宿，心想：「不如就從今天開始，試著喜歡貓咪吧！」同時也接下了每天餵食貓咪的工作。

發現內在全新自我的喜悅

每次在旅行途中到了新的地方，認識新的朋友，意外發現自己不同過往的新面貌時，總會讓我感到驚訝。過去五十年來怕貓怕得要命的我，下定決心想要嘗試和貓相處，居然在不知不覺中和貓咪培養出深厚的感情。不僅如此，甚至連口味偏好也跟著改變。過去從來不敢吃生海鮮的我，在夏威夷第一次吃Poke（指把塊狀生魚和各種醬料拌在一起的夏威夷蓋飯）時，活了五十個年頭，有生以來第一次知道原來生海鮮這麼好吃。雖然有人說隨著年紀增長，口味偏好本來就會轉變，但如果沒有機會或環境嘗試，我根本不可能發現自己原來愛吃這些東西。

我能夠找到內在的另一個自己嗎？我的新面貌又是什麼？我們的想法和自我，在某一刻會突然跳脫出自己的固有印象。到陌生的地方旅行，是創造全新自我的機會，同時也是一個可以改變原本自己的機會。

在職場上，對外溝通的工作對我來說就像呼吸一樣自然。因此，記者們只要聽到「鄭金慶淑、露易絲金」這個名字，就大概知道我是誰。無論我喜不喜歡這項工作，我扮演著Google發言人的角色，總是被貼上代表Google的標籤。這個標籤大部分帶來的是好處，但同時也會讓人對我產生偏見或刻板印象，認為我是得勢的大企業高階主管。

我們一天大多數的時間都待在公司裡，因此很容易陷入「上班族」這個角色的身分認同。如果我們總是被同樣的關係綁住、扮演同樣的角色，很容易感到倦怠，所以必須把自己放到新的地方，去認識新的朋友，呼吸新的空氣。

這時候，最需要的就是一個人去旅行。在旅行途中，可以試著去認識這輩子不可能會相遇，且個性和自己完全相反的人，並進一步去了解他的故事。在聆聽他們的生命故事時，也會因此變得謙卑。有時候，聽完別人壯闊的人生史後，會發現自己很渺小；有時候也會在別人燦爛的微笑中，獲得深深的啟發。

走進陌生人的人生

旅行，或許是唯一能讓我遇見不同面貌自己的時刻。在韓國時，我經常到處旅行。在陌生的鄉村裡散步時，時不時會看見正在田裡工作的農婦（其實大多數是奶奶）。看起來顯然是農忙期，正需要人手幫忙的時候。當我路過時，走到旁邊向她們打招呼，她們對我視若無睹，裝作沒聽見。於是，我便一言不發地下田幫忙，幫忙拔雜草或揮動鋤頭犁地，有時候，也會幫忙捆綁冬季的白菜；在蒜頭盛產的季節，幫忙捆綁蒜頭；在馬鈴薯盛產的季節，小心翼翼地撿起馬鈴薯裝箱，避免碰撞受傷。我曾在鬱陵島幫忙播種茖蔥，也曾在濟州島幫忙拔紅蘿蔔後再綁起來。

通常奶奶們會用一種略帶戒心的目光看著我，心裡納悶著我這麼做的原因。然而，當我默默地認真工作一個小時後，奶奶們就會沒好氣地開始問：「妳從哪裡來的？」一旦聊起天來，自然就變成了朋友。她們會遞給我點心，邀我去家裡吃飯，如果晚上沒地方睡，甚至還會讓我在她們家裡住上一晚。這時，我就會撒嬌地說：「奶奶，我餓了。而且我剛好也需要找地方過夜，真是太感謝妳了。」其實就是打蛇隨棍上。

帶孩子旅行時也一樣，孩子跟我一樣邊幫忙摘白菜，邊和奶奶們聊天。我們通常住在和屋主同住的民宿，有時也會請孩子幫忙打掃。在鬱陵島的四天三夜期間，我們一直坐在山坡上一起種植茖蔥。旅程結束時，我們帶著民宿老闆娘包好的茖蔥醬菜，一到家就立刻打電話給老闆娘報平安。我彷彿又多了一個故鄉，心裡覺得很溫暖。

即使只有一%，也想貢獻世界

我每年都會替自己安排一趟旅行，每兩年一次參加志工之旅。哪怕只有百分之一，我也想將自己的時間和金錢用來幫助別人，這是我的心願。例如，幾年前去坦尚尼亞旅行時，我與一間透過製作衣服籌措資金的非政府組織（NGO）合作，教她們學會用簡單的縫紉法縫製商品，帶她們去買布料、幫忙照顧孩子等，竭盡所能地去做所有我能做的事。在柬埔寨五天四夜的期間，我除了幫忙照顧父母外出工作的孩子們，也教他們學會用電腦。

如果想參加志工活動，卻不知道從何開始，可以打聽一下海外志工團體。付錢就能參加的志工之旅活動，比想像中來得多。你很容易就能找到一些團體，他們可以提供便宜的航班和住宿，並幫你介紹當地工作。

像這樣在旅行途中幫忙幹農活，或參加海外志工之旅，說這些事是善舉未免太難為情。我這麼做只是為了讓自己的心情變得更好，讓休假變得更有意義，光是這樣就已經讓我感到心滿意足。就像工作很累時，想買炸雞回家給家人吃的心情一樣，有時候為他人著想的小小心意，會讓自己獲得更大的安慰。我只是竭盡所能地去做自己能做到的事，內心也會獲得滿足。事實上，當我們從事志工活動或做善事時，據說腦內啡分泌會比平常多出三倍，有助於提升身體免疫功能。因此，這麼做不只能提升心理素質，對身體也有助益。

在生活中，我們有時候會覺得自己得到的太多。身處在財富和機會不均越來越嚴重的社會裡，我或許是屬於獲得太多的既得利益者。基於這種愧疚感，我試著尋找任何能夠回饋社會的方法，即使是微不足道的小事，也想對社會有所貢獻，因為我所擁有的能力、能量、熱情、時間，並不全然屬於我。就像我努力規畫生活一樣，我也會把一部分的時間投入在小小的善舉上。

22

讓公司因你的價值而前進

我們都希望透過自己的工作，對世界稍微有所貢獻。烹飪出美味的佳餚，填飽餐廳顧客飢腸轆轆的肚子時；用心編撰的書籍，剛好被需要的人閱讀時；花了好幾天時間研發的APP，正好解決某人的不便時，在那個當下獲得的滿足感，遠勝過於拿到工資時開心揮霍的心情。或許聽起來過於冠冕堂皇，但如果無法感受到自己的工作能為他人帶來貢獻，只是虛度時間，那麼工作時該有多痛苦？

可惜的是，大部分的人在職場上都忘記了這樣的價值。除非重新賦予工作意義，否則很難意識到我們可以透過工作幫助別人，因此會覺得就算努力工作也沒用，任何人隨時都能取代自己。一旦出現這種想法，會讓我們感到很無力。假如你不是老闆，而是在體制內工作的員工，抱著這樣的心態時，很容易會對工作感到倦怠，於是決定離開公司，才能做「自己想做的事」，活出真正的人生。

然而，真正的人生只能像這樣不斷往後推延嗎？在公司裡無法活出真正的人生嗎？職場目標和人生目標難道不能同時並行嗎？我一直在尋找可以同時滿足公司價值和個人價值的方法，比起退休後回到一般生活，我決定找到即使待在Google裡也能發揮更大影響力的工作，重拾對工作的熱情。我希望透過自己的工作，能讓世界因此變得更美好。倘若這件事能獲得公司的支持，那是再好不過的事了。也因為這樣，我開始展開所謂的「熱情專案」。

讓失去動力的心死灰復燃的「熱情專案」

在Google韓國分公司工作時，我有一個外號叫「龍穴女王」（Queen of Dragon's Den）。之所以會有這個外號，是因為我在Google亞太地區主辦的創業投資計畫徵選活動——「龍穴」（Dragon's Den）中獲得第一名。「龍穴」是公司內部的一項企劃，像是海選一樣，員工可以提出對社會有貢獻的想法，只要一經採用，公司就會提供資金推動計畫。不過，光是提出想法是不夠的，而是必須先想好和誰合作、如何進行、預算如何使用等制定完整的計劃，並在三分鐘內向審查委員報告。一旦提示鈴聲響起後就得結束，審查程序相當嚴格。

在三分鐘內完成上臺發表後，接下來的兩分鐘是評審提問時間。這時候，評審會提出許多棘手問題，像是針對這個想法做了哪些研究、如何維持合作關係、執行時可能會遇到哪些困難，連一秒也不能遲疑，必須在短時間內說服評審。想要上臺發表，自然就得練習。儘管這不是件簡單的事，但除了工作，能夠運用公司基金做自己想做的事，讓我充滿了能量。

讓失去動力的熱情死灰復燃的「熱情專案」，是我個人在正職工作外貢獻社會的一種方式，藉由進行專案重新燃起對生命的熱情。當我全心投入在某件事情上時，並不會耗盡我的能量。神奇的是，反而能為我注入源源不絕的能量，無論是日常生活或是工作皆是如此。即使連續好幾天研究資料、和夥伴見面討論專案、熬夜演練講稿，絲毫不覺得疲憊。當我回到原本的工作崗位上時，也變得更有活力。

然而，儘管做足準備，也可能在徵選活動中落選。不過，就算落選，就算丟臉，不管怎樣總得試試看再說。只要是對社會有所幫助的事，我都願意去做。像是青少年輔導、支持LGBT計畫、青少年創意教育、寄送物資至偏鄉離島等，這些都是我們可以做的事，不一定非得要加入NGO才能做。只要投入一些時間和精力，就可以做好事，何樂而不為？我心想即使這次落選，就把它當成是練習演講的機會。沒想到，在「龍穴」徵選活動中，我們提案的計畫獲得最多票數。我居然是亞太地區最大贏家！

活出真實的自己，其實很困難

「支持LGBT計畫」是我在Google執行專案中最有意義的一項計畫。我們經常把「活出真實的自己」這句話掛在嘴邊，但這其實是一件很困難的事。因為這世界上仍有許多人，無法隨心所欲地活出自己想要的樣子。就連我為了擺脫自己極度害羞的個性，成為充滿活力個性外向的人，都努力了二十五年，那麼想要按照自己的性向，活出自己想要的人生的那些人，又該承受多大的痛苦與風險？

之所以冒出這個疑問，或許是因為一對 LGBT 伴侶的訪談，深深觸動了我的心。「我們是伴侶，我很想大方地向別人介紹他是我的真愛。」、「身為性少數族群，不僅要承受社會異樣的眼光，甚至連醫療保險受益人都無法填寫另一半，令人感到很遺憾。」、「因為老師對性少數者有偏見，孩子要去學校也很困難。」聽到這些故事後，才讓我有了這樣的念頭，認為他們也應該要被賦予「活出真實自己」的權利。

於是，我在二〇一三年以個人身分參加在弘大舉辦的酷兒文化節活動。雖然不過是十年前的事，但當時韓國的氛圍，還是很難在公開場合表態支持性少數。果不其然，活動當天反對人士和警察展開激烈衝突，基於安全考量，活動被迫中止。

「我只是想活出真實的自己，不支持就算了，為什麼還要來妨礙？難道就連一年只有一次的性少數者慶典活動，也無法順利舉辦嗎？」

那天的經驗，帶給了我很大的衝擊，也因為這樣，我決定參加「龍穴」徵選活動。我打算利用獲得的資金，建立國內第一座 LGBT 青少年危機支援中心。儘管我的意志力堅定，內心卻極度不安。這件事究竟跟公司有何關係？花公司的錢做這件事對嗎？即使這個提案通過徵選，和我的工作表現又有什麼關聯？

但我最擔心的其實是：「萬一反對 LGBT 人士對公司造成危害怎麼辦？我是 Google 韓國品牌負責人，如果公司內有人扯後腿又該如何是好？」

最終，我仍鼓起勇氣參加專案基金徵選活動，結果獲得全體審查委員一致通過，順利取得 LGBT 青少年危機支援中心建設資金。然而，拿到資金後，反而加深了我內心的擔憂。因此，我向亞太地區公關副總裁提出了這樣的問題：「很可能會有人因為這項專案而抵制 Google 韓國，真的沒關係嗎？」

他是這麼回我的：「露易絲，我認為這件事真的很重要，這就是在做對的事情（right things to do）。別擔心，我以妳為榮，除了妳之外沒有人可以勝任這項工作。倘若 Google 對外表態支持，也有助於扭轉大眾的想法。」

這段話給了我很大的力量。於是，我按照原定計畫，成立了 LGBT 青少年危機支援中心。兩年後，透過同樣的徵選活動，再度獲得額外資金補助。在那之後，Google 持續展開各項活動，包括與人權基金會合作推動 LGBT 彩虹計畫、舉辦一年一度的酷兒文化節等，公開表態支持性少數者人權。

上班族所能做的一切

我喜歡的小說家伊莉莎白・吉兒伯特（Elizabeth Gilbert），曾在著作《享受吧！一個人的旅行》（*Eat, Pray, Love*）書中，這樣談論工作：「為了要將工作（Job）變成志業（career），必須是我可以投入並且真正喜歡的事情。」此外，在「工作」變成「志業」時，看人的角度（也就是價值觀）的影響舉足輕重。Google哲學和尊重多元性的文化，讓我對工作的熱情死灰復燃。根據研究結果顯示，公司認同個人價值觀時，員工工作效率更高。一旦覺得自己任職的公司在「做好事」，內心會感到滿足，也能讓自己重拾熱情。

在公司內，許多人對我的倡議表示贊同與支持。不是以個人身分，而是能代表公司對社會發揮正面影響力，讓我為此深受感動。自二〇一四年開始，Google韓國宣布參與酷兒文化節活動，在那之後每年都會共襄盛舉。二〇一三年我是Google裡唯一一個參與首爾酷兒文化節活動的人，但過了一年後，有三名Google員工報名參加，二〇一五年是十個人，二〇一六年參加人數來到三十人，此後活動參與人數越來越多，多得不可計數。在二〇一八年和二〇一九年時，公司甚至為了向江南地區上班族宣傳酷兒節活動，舉辦從地鐵驛三站走到江南站的酷兒遊行活動。

隨著時間的推移，從活動現場氣氛可以明顯感受到，人們的觀點和世界正開始慢慢轉變。單憑一己之力是不夠的，但哪怕只有一個人願意從今天起展開行動，明天就會變得有所不同。這些親身體驗會讓生命充滿了溫暖的正能量與熱情，唯有你親自走過這一遭，才能體會箇中滋味。

發自善意的舉動並從中獲得肯定，或許是最終極的喜悅，讓我們得以忘卻生活中的疲憊與倦怠。如果在工作中也能感受到這份喜悅，人生中還有什麼比這更幸運的事呢？能用公司的資金做善事，同時也是自己喜歡的事。不只是幫公司創造價值，而是讓公司認同自己的價值。唯有與公司一起前進，我們才有動力繼續堅持下去。當然，這需要個人和公司雙方面的努力，否則一切都是空談。希望有那麼一天，每個人都能勇於表達自己心中良善的價值觀，並且獲得支持，進而無所畏懼地展開行動。

一步一步往前走，

或許有時候，我們會感到鬱悶，

覺得自己似乎在原地踏步，

但以長遠來看，我們正在邁開步伐前進。

無論在人生中任何時刻，遇到任何問題，

唯有相信自己，堅持繼續走下去，

世界將會變得更寬闊。

PART 4

女人、媽媽、主管
——每條路都是相通的

23

誰都不是一開始就計畫好了

剛進Google韓國那年，在山景城舉辦了一場年度女性領袖峰會，對象是三百多名Google女性主管。行銷、公關、工程等各部門主管齊聚一堂，我也參與了這場盛會。第二天一大早，四位Google女性高階主管應邀上臺，進行一場名為「與女性領袖對話」座談會。這四位都是從Google草創期就加入的高階主管，對於剛進Google的我而言，能夠聽到公司高層的分享，內心滿是期待。

會議進行方式是由主持人提問、來賓回答，進行到一半時，主持人提出了這樣的問題：「請問您十年後打算做什麼？請與我們分享您的職涯規劃。」

這真是有趣的問題。在當時，我也有明確

的職涯規劃。因為我認為當別人提出這個問題時，如果無法侃侃而談說出自己的願景，就會被批評是個毫無計畫的草包。我滿心期待聽到她們的分享，答案卻令人出乎意料。

我的計畫就是沒有計畫？

「我沒有任何計畫耶！席拉，妳呢？」一名主管問了身旁另一位主管。

「我也沒有耶，哈哈哈！」

「我也是。」

「我也一樣！」

主持人驚訝地問：「天啊！您們四位都沒有職涯規劃嗎？」

「不是啊，就連明天會發生什麼事都不知道了，十年後的事要怎麼規劃？」

四位主管相視而笑，她們的回答，豈不是在說自己的職涯規劃就是「沒有規劃」嗎？她們卻露出一副理所當然的樣子，哈哈大笑著，這讓我有點不知所措。

緊接著，主持人的下一個問題是：「請問妳們當初進公司時的部門，和現在一樣嗎？」所有人的回答也都是否定的，每個人目前從事的工作，都和一開始進公司時不同。接下來的問題是：「到目前為止，一共換過幾個部門？」依照她們的回答，平均換過四、五個部門，遇過六、七位主管。其中有一名高階主管甚至表示：「當初進公司時，我很排斥進入我目前任職的部門，但現在覺得這份工作有趣極了。」

另一名主管繼續接著說：「因為Google這間公司成長迅速，就算下定決心要一直待在某個部門，但是過了一兩年後，隨著公司持續成長，可能會和其他部門合併，或基於發展考量被迫解散，都是很常見的。在這樣的情況下，一旦陷入職涯規劃的僵局，就無法拓展自己的視野。被困在計畫中動彈不得，反而容易錯過許多機會。在追求快速成長和求新求變的IT產業中，即使設定計畫，仍會出現許多新的機會。因此，最好把目光放長遠，沒有計畫並不是件丟臉的事。」

我一直認為所有事情都必須按照計畫進行，她們的一席話，帶給我相當大的衝擊。那麼，這是否意味著她們只是隨波逐流地活著，什麼都不做嗎？不是的，而是我想做的事情「總是」會改變，也可能會有意想不到的機會出現。因此，應該抱著開放的心態，面對一切未知的可能性。

雖然當時聽到她們沒有任何計畫，像是當頭棒喝一樣震撼，但在 Google 工作超過十五年後，我完全可以理解她們當年說這些話的意思。因為 Google 一直以驚人的速度持續成長，提供了在一般公司內無法經歷到的各種機會，出現了許多過去不存在的部門（就像我現在所待的部門一樣），多了許多過去沒有的機會。三年後要做什麼、七年後做什麼、十年後做什麼……制定周詳的計畫和充分的準備固然重要，但隨著年紀增長，我深刻體認到對職涯抱持開放態度，相信自己的潛力，接納所有可能性，更是關鍵。

因此，不妨試著關注過去不曾出現過的工作和新興產業，靈活地制定計畫，並隨時睜大眼睛觀察，張開耳朵聆聽。尤其是職位晉升到越高的高階主管，若能不斷累積適用於各部門的知識或經驗，透過相關部門輪調，學會綜觀性思考並抱持開放的工作態度，以通力合作的方式展現成果，像這樣的專業通才，將迎來更大的機會。以我的經驗來看，以專業知識為基礎，朝通才發展，從初階攀升至高階主管後，能力會變得更強大。因此，即使現階段職涯發展不如預期，也不必感到焦慮。人生還很長，機會永遠是留給準備好的人。

專才vs.通才

「在行銷部門待了五年，我該繼續留在這個部門嗎？」

「業務當了十年，現在還能換到其他部門學新的工作嗎？」

「如果現在轉換跑道，過去累積的這些經歷不都白費了嗎？」

職場後輩們來找我諮詢時，最常問我這些問題。不只是在公司內進行部門輪調，當換新工作或轉換跑道時，也會猶豫到底是繼續從事原本的工作，還是趁現在換跑道比較好？會有這樣的煩惱是很正常的，這也是我一直以來糾結不已的問題。

我工作的產業領域從手機通信業到製藥業，最後換到IT產業；待過的部門從公關部換到行銷部，最後又回到公關部。過程中，我不斷思考一件事，我究竟是要成為一個領域的專才，還是精通各個領域的通才？毫不誇張地說，我思考了這個問題長達三十年的時間。

以下是我思考過後找到的答案：第一，你必須在專業領域累積專業知識至少三到十年的時間。也就是說，要先成為專才。先把自己目前正在做的事情做到最好，鍛鍊自己的思維，去看見別人看不見的地方，嘗試別人沒試過的方法，鑽研實務知識並累積實戰經驗。同時在工作中建立自己的口碑，讓別人相信自己所說的每一句話，讓對方覺得：「啊！聽露易絲的話準沒錯！」做到獲得別人信賴的程度。

測試自己喜歡什麼、擅長什麼，最少需要花三年時間。無論做任何事，在第一年內都很難確定自己表現好，究竟是因為能力好還是運氣好，或者表現不好是因為運氣不好或能力不足。在第二年時，就可以開始學以致用。若是第一年成績斐然，第二年就能試著找出更好的方法；反之，若是第一年成效不彰，就必須傾盡所學避免重蹈覆轍。在第一、二年內了解工作如何運作後，接著第三年開始擴大規模。除了擴大成效外，也必須拓展人脈和自己的視野。至少要等到第三年，目光才會更精準明確，並對自己的表現充滿自信，以客觀角度來看，必須具備相當程度的專業能力（不只是自認為，同時也要獲得他人肯定）。

第二，累積專業知識和經驗，並藉由與相關部門合作，拓展你的實戰經驗。可以透過專案和相關部門共事，或調到其他部門學習。如果是中層管理階級，除了熟悉自己的工作外，也必須了解其他部門的工作。就我個人經驗而言，當我還是中階管理者時，曾和四位好同事建立了長達二十年的友誼，我們會分享彼此的工作經驗，藉此拓展視野，這就是成為領袖的練習。曾經待過行銷和公關部門的這項經驗，成了我寶貴的資產。看待事情的角度變得更寬廣，讓我能同時顧及公關和行銷，比任何人更有效地創造出更多合作機會。當你具備某個產業的相關專業和經驗後，再以此為基礎，廣泛累積各種知識和經驗。了解產業後掌握住機會，並對公司決策提出見解，與其他部門之間的合作關係就能更加無往不利。

第三，累積經驗後，接著就要邁向通才之路。倘若已經具備足夠的實務能力，那麼現在正是擴大格局，培養領導力的時候了。專才和通才之間的區別，不僅在於工作專業領域的多樣性。所謂的通才，是指懂得與其他部門合作，創造雙贏局面，並站在創造公司最大利益考量，具有執行能力的人。像這樣具備宏觀思維和工作態度的員工，除了自己本身的工作外，也會著眼大局，進而培養洞察力。在未來的十年後、二十年後，他們將會為自己贏來更大的機會。

透過「逆向工程」創造美好未來

如果沒有具體規劃，內心感到焦慮不安，最後也可以嘗試以下方法，利用「逆向工程」（reverse engineering）打造自己的人生。逆向工程是指追蹤已經建構完成的系統，進而推導出原始文件或設計技術等資料的工程技術。這套方法也可以運用在規劃職涯道路和人生，我們要找到該領域中的最佳典範，試著了解他是如何辦到的。就像我們品嘗美味的料理時，會細細推敲這道料理用了哪些食材一樣，試著描繪出十年後自己理想中的樣貌，鉅細靡遺地列出為了達到這個目標必須經歷哪些過程，並思考如何準備。

先問問自己：「五年後（或十年後），我想過怎樣的生活？」假設回答是：「十年後我想成為全球NGO代表，負責處理人權問題，同時致力於提升韓國身障者及性少數者人權，著手推動立法及教育活動。」

然後，再試著思考以下問題：「我是如何成為NGO代表的？過程中做了哪些努力？」回答這個問題時，要盡可能以具體方式說明。首先，必須先找出誰是最接近你想成為的領域專家，或誰是最接近你人生價值觀的榜樣，試著找出並研究他們成功的原因。像是應該學習哪些知識、要累積哪些經驗、需要具備什麼證照或語言能力、必須培養哪些人脈等。最後，思考如何在生活中付諸實踐。以我為例，可以像這樣回答：「這一路走來，歷經了許多峰迴路轉。我在離開Google前，加入了XYZ人權運動團體，明白NGO組織如何運作，甚至了解到我所關心的立法過程，三年後我離開公司……」

藉由像這樣的自問自答，盡可能以具體的方式回答完問題，勾勒出未來五年、十年後想成為的模樣後，就能更清楚知道如何達成目標。今日所描繪出的藍圖，將會成為明日的導航，帶領著我們充實地度過每一天。

24

遇見令人怦然心動的主管

二〇〇七年剛進Google韓國不久後，我前往巴黎，參加聚集各國公關部門負責人的研討會活動。雖然名義上是「異地活動」，但通常所有公關部門負責人，都會趁一年一次的機會聚在一起互相學習，進而擬定策略和計畫。當時Google亞太地區尚未成立公關部門，也沒有負責統籌的高階主管。對Google公司組織和文化還不是很熟悉的我，是亞太地區唯一的與會人員。

活動前一天，得知Google搜尋引擎正好在市中心美術館舉辦產品發表會，我便抱著見習的心態參加，想觀摩其他國家是如何準備的。產品發表會舉辦在外觀古色古香，卻相當老舊的美術館，等記者們陸續到場後，當時擔任Google搜尋引擎部門副總裁的梅莉莎・梅爾（Marissa Mayer）站上講臺。梅莉莎・梅爾是繼創辦人和艾立克・施密特之後，在Google內部最具影響力的高階主管。光是能聽到她的演講，就令人激動不已，但是比演講更吸引我注意的，是從老舊天花板不斷滲出的水滴。為了以防萬一，現場事先準備了接水用的小碗，水滴就這樣一滴一滴地滴落在碗裡。然而，等梅爾開始演講後，原本的水滴霎時間變成瀑布，如水柱般傾湧而出。

「唰！」水就像用水桶從天花板往下倒一樣，梅爾先是愣了一下，旋即神情自若地繼續演講。因為現場一名員工臨機應變，立刻跳出來處理善後。一名身穿白色圓領T恤、黑色緊身褲和黑色運動鞋的女子，連忙提著水桶在水柱下接水，等水滿了之後，再把水倒掉，就這樣來回跑了好幾趟。深怕地板上的延長線會被水弄濕，不斷地調整位置，途中還要充當梅爾的小幫手，忙得不可開交。

「原來西方人也有做事這麼俐落的人啊！」她的表現實在令我印象深刻。產品發表會持續進行，她忙完後就直接坐在會場後方的地板，打開筆電埋頭工作。

忙著拿水桶接水的她

產品發表會總算有驚無險地結束了，接著隔天就是令人引頸期盼的研討會活動。第一個上臺演講的人，正是負責歐洲、中東和非洲地區公關業務的副總裁。但是，這怎麼可能？站上講臺的人，居然是昨天拿著水桶忙著接水，穿著 T 恤的女子！也就是說，昨天產品發表會場上的那名員工，正是瑞秋．威史東（Rachel Whetstone）副總裁。我實在太過驚訝，以至於完全不記得她在開場演講時說了些什麼。

我與我在 Google 中的偶像——瑞秋的相遇，是如此令人難忘。印象深刻的人不只是我，對瑞秋來說似乎也是如此。事後瑞秋在接受訪問時，曾被問及在職場上最驚慌失措的時刻是何時？瑞秋的回答正是在巴黎舉辦產品發表會的那一天。她說，當她看到水柱在梅莉莎．梅爾面前傾湧而出時，她感到自己眼前一片黑暗。

即使貴為副總裁，仍毫不猶豫地提著水桶來回奔波。對她而言，人生中最狼狽的時刻莫過於此。她完全沒有顧慮自己的身分地位，只在乎能以最快的速度把事情處理好。那一天她所展現出來的領袖風範，深植在我的腦海裡。

現在回想起來，曾經待過公關部和行銷部的我，最後還是回到自己熱愛的公關部，也是受到瑞秋的影響。二〇〇七年第一次見到她時，當時她是Google歐洲地區公關副總裁，隔年二〇〇八年晉升為全球公關副總裁（她現在是Netflix的首席溝通長）。她在成為全球公關部首長的那年，第二次出席年度研討會。第一個上臺負責開場演講的人，一樣是瑞秋。通常開場是由公司高階主管發表演說，內容主要談論策略和方向，目的是激勵團隊氛圍，大概會在十分鐘內結束。但瑞秋不一樣，她不像其他VP（指高階主管）不帶講稿就上臺發表即席演說，她手上拿著六、七張寫滿文字的A4草稿。演講內容雖然和Google有關，但也闡述了網路產業與技術產業未來方向、當前問題及可能面臨的問題，並對即將到來的機會進行研究分析。更驚人的是，她幾乎把七張講稿全部背下來。整整三十分鐘內，她只是稍微瞄了一眼講稿，全程完全不看稿。往後每年舉辦研討會時，瑞秋總是一如往昔地準備一場完美的演說，而我每年最期待的，正是她魅力十足的開場演說。

「我也想成為像她那樣的領導者。」我想，我似乎是被瑞秋吸引住了。決定不只是成為一個優秀的領導者，而是像她一樣，成為具備專業知識和洞察力，總是走在最前頭帶領大家的那種領袖。心中有一個想成為的榜樣，是一件振奮人心的事。於是，從那一刻開始，我不斷地學習，攻讀研究所、查找網站資料、蒐集並閱讀相關新聞等。此外，為了說出一口流利的英文，我每天埋頭苦讀，想把英文練好。

在帥氣姐姐們的帶領下，一起前進

身為一名上班族，在決策過程中，必須秉持認真的態度，並懂得隨機應變。身為公司高層領導者的瑞秋，為我示範了什麼是不能忘記的工作哲學，令我印象深刻。對我而言，在Google任職的十五年期間，她在我心目中有著舉足輕重的地位，是我的榜樣，也是我想要效仿的人之一。渴望有朝一日能成為首席溝通長，成為像瑞秋一樣出色的決策者，這些夢想是驅使我不斷前進的動力。

認真說起來，在職場中我想要效仿的對象，大多數是女性。雖然並不是刻意挑選女性作為榜樣，但由於處境相似，女性領導者更能引發我的共鳴。無論在美國或韓國，職位越高，女性領導者越少。事實上，即使是高度尊重多元價值的美國，在職場上女性成功的機會也偏低。

倘若不斷碰到這樣的狀況，妳可能會心想：「嗯，看來女性的機會最多只有這些了，我已經盡力了。」便會不自覺畫地自限，進而選擇放棄，不敢再有任何奢求。這種心態不只會影響個人，甚至影響整間公司的風氣。就連公司在挑選升遷對象時，即使具備同等資格，也可能會認為：「最高階的主管應該還是要由男性來擔任吧？」因此，必須要有更多表現卓越的女性被看見，才能改變這樣的風氣。如此一來，她們才有勇氣追尋夢想，就算無法獲得認同，也能勇於為自己發聲。

就像那些女性領袖帶給我鼓舞的力量一樣，我也有一種責任感，認為自己應該像她們一樣，成為後輩們學習的榜樣。就算他們的榜樣不是我，我也希望盡量幫助他們找到值得效仿的對象，替他們創造各種機會。例如，我經常會讓底下的員工有機會直接面對我的上層主管。原本來美國前，我每星期必須和亞太地區公關副總裁進行一對一會議；但一個月大概會有那麼一次，我會把這場會議改由全部門一起參加，讓大家都有機會直接和亞太地區最高主管碰面。此外，即使來美國後，每個月一次和副總裁進行一對一會議時，我也會邀請組員讓他們直接上臺發表，想替他們創造被看見的機會。因為在菜鳥時期，很少有機會見到高層主管，沒有表現的機會，也因此很難獲得認同。光是可以直接和高層主管們見面，就能讓他們深受鼓舞，從這些主管中，找到自己想要效仿的榜樣。

找到激發強大動機的學習榜樣

對工作表現優異的人而言，薪水或福利反而不是他們追求的唯一目標，獲得他人的認同和讚美，才是他們努力的最大誘因。換句話說，找到想要效仿的榜樣，就能讓自己有動力繼續前進。當然，並不是所有主管都值得令人尊敬。如果能在公司內找到學習榜樣，那可以說是再幸運不過的事了。但人無完人，試著在不同領域、不同時期，或在公司以外的地方尋找學習榜樣，也是不錯的方法。工作第三年、第十年、第二十年時，學習的榜樣可能不同，職場上的榜樣和人生中的榜樣也可能不盡相同。如果真的找不到合適的學習榜樣，也可以試著在其他行業中尋找，甚至可以劃分為更小的領域，從演講、決策、個性、工作執行能力等各方面，尋找值得學習的對象。

倘若只從負面角度看待能力不足的主管，受到這股負能量影響，很容易導致自己該做的事情沒做好，錯過該看到的東西，工作停滯不前。不妨試著保持耐心，以更樂觀的態度看待週遭一切，相信一定能看到對方值得學習之處。哪怕只有一個地方值得學習，那也無妨。若是真的沒有可以學習的地方，也可以將其視為負面教材，警惕自己絕對不要變成那樣。

就個人經驗而言，過去三十年來，我從未見過找不到任何學習之處的主管。抱著這樣的心態思考，對身心健康或職涯發展都很有幫助。小至可以帶著愉悅的心情度過充滿抱怨和不滿的每一天，大至對團隊或公司的成長，甚至是個人的成長，都是一股驅動力。因為只有自己能決定，要以什麼樣的觀點看待事情。

25

沒有所謂「偉大的開始」

那是發生在我剛到美國上班的第一天。我在過去十二年任職於 Google 韓國分公司時，曾遠赴美國總部出差至少超過二十次，對我來說，這地方並不陌生。然而，一想到自己真的要進入總部工作，心裡難免有些緊張。在天未亮的清晨，早早起床的我，開著租來的車子，前往距離家裡約十分鐘車程的 Google 園區。就在即將抵達辦公大樓時，突然有一輛警車鳴著警笛朝我駛來，一大清早發生什麼事了？驚魂未定之餘，警車停在路邊，開著擴音器對我大喊：「請把車子停在路邊。」天啊！這到底是怎麼回事？

我緊張地把車子停在路邊，學電影裡看到的那樣，搖下車窗，把手放在方向盤上等待。

警察走向我，用手電筒照了一下車內。我問他發生什麼事了，警察以一派輕鬆的口吻對我說：「妳忘了開大燈，現在天還沒完全亮，開車必須開大燈。」原本緊張到不行的我，聽到這句話後，瞬間鬆了一口氣。於是，我們簡短地聊了幾句，我告訴他今天是我來美國上班的第一天。警察微笑地回我：「恭喜妳！小心開車。」幸好他沒有開我罰單。第一天上班遇到的第一個恭喜我的人，居然是社區警察，我的美國生活應該會順利吧？

分享屬於你的個人「故事」

我想起了第一次來 Google 面試時的事。二〇〇七年剛進 Google 時，一共歷經七輪面試。由於當時 Google 韓國處於草創初期，辦公室內尚未有職務相關負責人可以進行面試。在首爾和人資主管進行第一輪面試後，我便搭飛機前往位於加州山景城的總部，進行下一關面試。抵達加州後，在從加州機場開車往南開約一小時的地方待了兩天一夜，輪流與六位主管進行面試。為了這場面試，我搭了十三小時的飛機飄洋過海來到美國，待不到二十四小時又回到首爾。我在心裡忍不住讚嘆：「啊！這間公司居然為了雇用一名員工，不惜大手筆花機票和住宿錢。」

至於面試時問了哪些問題？他們主要問的不是我在工作中「取得的成就」，而是針對進行某個專案時，歷經了哪些過程、遇到問題時如何處理，以極為具體的方式提問。當我被問到如何（How）達成這些成就，而不是達成了什麼（What）成就，讓人感覺像是在分享自己的個人經驗。我們甚至談到我曾經爬過喜馬拉雅山，他們問的是我為什麼想去、登頂後的感受如何、行程如何規劃、遇到陌生人時如何和他們攀談等。藉由這些問題，進一步了解面試者的溝通模式、領導能力、熱情、正向態度等。換句話說，也就是利用這些問題檢視這個人的團隊文化契合度（Culture Fit），確認是否符合Google的企業文化。

以一小時為單位，採一對一面談進行輪番面試，在這段時間內，呈現出的自己比我所熟知的更多。面試過程中，我突然覺得自己一直以來的努力並沒有白費。尤其是他們對於我唸過好幾間研究所，持續學習專業知識，累積人脈這件事，給予了高度評價。這似乎也表示他們看到我這幾年來兼顧學業和工作，認同我對職涯發展所做出的努力。被錄取後，從主管那裡得知，他們認為我透過高山縱走及背包旅行，挑戰身體的極限，即使面對陌生環境，也能不慌不忙地處理問題，對於這點深表讚賞。過程中遇到各式各樣的人所累積的溫暖故事，在面試時居然也成了加分選項。作為一位必須時常與人接觸的公關主管，我展現出了正向思考和熱情，也讓我因此獲得高分評價。

在歷經漫長的深度面試後，我深深覺得 Google 才是我應該去的地方。因為在面試過程中，深刻感受到他們的認真。就連面試主管都充滿熱情，公司氛圍想必也是充滿活力。

不僅介紹尖端技術，更要傳達人情味的說書人

就這樣，我順利進入 Google 韓國工作，十二年後又再度成為「Noogler」，在美國總部擔任全球媒體公關總監，我的工作其實就是「國際說故事者」。大家經常問我，國際說故事者究竟是什麼樣的工作？簡單來說，我所做的事情就是在「挖掘」故事。在 Google 工作的人們，會接觸到各種前所未有的創新技術，這些技術出現的目

的，大多是為了讓生活更加便利。像是讓原本三十五鐘的路程縮短為三十分鐘、讓大家知道哪裡有無障礙設施等。介紹這些產品的工作，是由各產品的公關負責人進行，而我的工作則是去挖掘這些創新技術背後的故事，讓大家看見產品開發人員的故事。

在Google裡，有各式各樣的人，各式各樣的團隊，每個人都有各自的故事。公關人員必須蒐集這些故事素材，透過輿論向大眾傳達故事。例如，Google曾在Android系統上推出名為「Live Transcribe」的APP，也就是所謂的即時轉錄。這個APP主要的功能，是將接收到的語音訊息轉換為文字。與聽障人士交談時，可以運用這個APP讓話者所說的話，直接轉換為文字，讓溝通變得更順暢，甚至還可以幫忙即時翻譯。

這套即時轉錄功能的研發者，來自語言多元的印度。他開發這項功能是為了讓不同語言的人能溝通無礙。和他一起進行這項專案的同事，當中有一位名叫「德米特里」，他的口腔結構異於常人，因此無法準確發音。雖然一般人很難聽懂德米特里的發音，但他說話有一套規則。若能掌握這套原則，並進行翻譯，就能減少與他人溝通時遇到的障礙。對此，開發者在電腦輸入德米特里的語音訊息，運用機器訓練後，研發出一套「德米特里模式」。這項功能讓 Live Transcribe 的活用性變得更廣，德米特里也因為這套軟體，終於如願以償地第一次和孫女對話。

我所做的工作，首要任務就是挖掘類似這樣的故事。並不是秉持著科技至上主義，而是找出溫暖人心的故事，希望讓更多人傾聽並理解這些科技出現背後的人性。鎂光燈的焦點不是我，而是故事的主角。為了讓他們的故事被世界看見，我在幕後將這些開發過程寫成腳本，陪他們練習講稿，透過媒體讓更多人看見他們的故事。不是發表完新產品或推出新功能就結束，而是致力於持續傳達產品背後的暖心故事。

更深刻的共鳴，更廣泛的連結

我負責的另一項工作，是把全世界的 Google 員工串連在一起，也就是把前面提到的「說故事」這項工作，變得更「國際化」。Google 所屬的母公司 Alphabet（字母控股），是全世界市值前五名內的一流企業，但並不是所有 Google 員工都具備同樣的全球化視野。在美國總部每項產品雖然都有各自的公關部門，但串連來自歐洲、拉丁美洲、亞太地區等全球各地公關部門，拓展全球化視野，也是我的職責所在。

像這樣把彼此「串連」在一起的工作，小至安排採訪時間，大至舉辦類似Google I/O這種大型活動，或替CEO桑德爾・皮查伊（Sundar Pichai）策畫國際記者會活動等。因此，我一整天都在忙著和美國及全球各地部門開會，簡直可以說是活在全球時區裡，而不是活在美國時區。例如，安排與西班牙當地媒體進行採訪，不能以舊金山的時間為主，而是必須配合西班牙時間。就像《哈利波特》裡的妙麗一樣，把一天二十四小時過得像四十八小時，繞著全世界的時間賽跑。

來到美國後，我也開始積極與美國當地的全球媒體記者建立關係。英國BBC、法國法新社（*AFP*）、西班牙艾菲通訊社（*EFE*）、德國《明鏡》（*SPIEGEL*）或《商報》（*Hanselsblatt*）、日本《朝日新聞》或《經濟新聞》、印度《國際西藏郵報》（*TPI*）等各國派駐在美國當地的記者們，雖然想要關注矽谷動態，卻沒有任何管道可以聯繫Google總部。因此，我成了這些特派記者們的聯繫窗口，提供正確資訊給全球媒體撰寫新聞稿。過去三年內，我和六十多位Google特派記者見面並進行訪談，也曾舉辦圓桌會議，不只是記者與窗口的關係，彼此間更像朋友。或許是因為這些努力，矽谷特派記者們才會紛紛表示：「幸好有露易絲在，我們才得以走進Google的大門。」

當我著手負責新的部門時，我的起步非常簡單，就是從與人連結的小事開始做起。然而，對他人付出關心、予以同理，傳達並串聯他們的故事，這些工作創造出來的價值絕對不容小覷。即使沒有開創出新的事業或響亮的口號，但光是能串連這些被遺漏的環節，問題就能得到解決。能夠交出漂亮的成績單當然也很好，但聽到別人說：「多虧了露易絲，生活變得更輕鬆」這樣的話時，是我覺得最幸福的時刻。

當我們能夠理解別人的不足，並把這些不足和需求傳達給其他人，說服他們一起為此努力，就能改變他們的心態。跨出第一步時，不一定需要多麼偉大的開始。或許無法立即看到成果，只要抱著讓世界變得更美好的心態，那就足矣。

26

用職業媽媽的方式育兒

我平時不大愛哭，尤其在公司內，幾乎從來沒有因為工作的事情而哭。但真要說的話，唯獨和職業媽媽們聊天時，總會讓我忍不住落淚。公司內部經常會安排職涯諮商時間，或是讓員工傾訴心事的一對一談話時間。雖然我不大懂得如何給予建議，但光是聽她們說話，似乎就能帶給她們力量。每當這時候，聽到職業媽媽們哭著談起自己的育兒辛酸血淚時，我也會跟著一起哭。

坦白說，我其實是屬於「放養型」媽媽，因為有婆婆和娘家媽媽當後盾，在背後全力支持。就連同事也時常會問我：「露易絲，妳這樣放任孩子不管，真的可以嗎？」雖然我的育兒方式與放任並無二致，但幸好有兩位母親悉心照顧兒子，我才能安心工作。不過，在職場上奮鬥的同時，內心深處也會對無法親自照顧孩子，感到愧疚與自責。

在我看來，大部分年輕的職業媽媽們，令她們痛苦的並非工作本身，而是兼顧育兒和工作時，在工作崗位上表現不盡人意，讓她們感到力不從心。由於必須兼顧育兒和家務，她們可能會睡眠不足，身心俱疲，再加上無法花更多時間陪孩子，內心也會產生愧疚。然而，比起無法陪在孩子身邊，更讓她們感到壓力的，是無法集中精神專注在工作上，體力也難以負荷。即使和另一半分攤家事和育兒工作，但相較於父親，母親似乎更容易被這些事情影響。她們擔心自己無法像單身時那樣，投入一二〇%的心力在工作上，也會害怕自己輸給那些育兒壓力相對較小的男同事們。

針對育兒問題，如果無法提出根本解決之道（很遺憾地，目前還沒有），職業媽媽們的煩惱永遠不會結束。但如果妳也因為無法時常陪在孩子身邊感到愧疚，或對自己的工作表現不滿意，希望能從我的故事中，獲得些許安慰。

陪伴的質比量更重要

首先，職業媽媽必須要擺脫的心態，是過度在意陪伴孩子的時間。重要的是「有品質的陪伴」，即使是短暫的時間也無妨。當然，除了有品質的陪伴孩子，有足夠的時間陪伴孩子也很重要。不過，我想從理智面告訴大家，孩子的記憶力並沒有我們想得那麼好。

根據統計顯示，人類最初形成記憶的時間點平均在三歲左右，人生中記憶最深刻的時期，約莫在十五歲至三十歲之間。這意味著不必提前擔心孩子長大後，會因為媽媽在五歲時，某天沒陪他上幼稚園感到難過，或某個週末媽媽要上班無法陪他而心生怨懟。當然，為了和孩子培養感情，也需要家庭成員的關愛和照顧作為後盾，但毋須強迫自己必須時刻陪在孩子身邊，也不必因為沒有做到而過度自責。

我選擇的方法是，盡可能專注在和孩子一起的時間，讓這段記憶深深烙印在彼此的腦海中。倘若問我職業媽媽育兒之道的首要原則是什麼，這就是我的答案。雖然工作時無法陪在孩子身邊，有時因為加班連見孩子一面都很難，但下班後即使只有三十分鐘，我也會暫時放下手機，利用短暫時間陪孩子盡情玩耍。兒子菲力普或許是像我，非常熱愛運動。當他還是小學低年級時，下班後我們會一起去家附近的國小操場踢足球。雖然跟著體力旺盛的孩子東奔西跑，從操場的一邊傳球到操場的另一邊，簡直累到快升天，真的讓人筋疲力盡。但我安慰自己，這也算是一種運動。有一陣子，我們還一起挑選棒球手套，練習傳接球和打擊。到現在菲力普仍會說，他很懷念那段和我玩傳接球的時光，真的很幸福。

一起運動，培養出戰友情誼

不妨從孩子還小的時候，找出可以和孩子一起進行的運動。我會從自己喜歡的運動中，挑選出一項運動和孩子一起嘗試。不僅有助於培養運動習慣，更重要的是和孩子一起從事喜歡的事物，也能培養感情。像我很喜歡玩雪板，從孩子五歲起，每逢冬天就會買季票帶著孩子一起滑雪。雖然一肩扛起兩個人的滑雪裝備走到滑雪場，是件相當累人的苦差事，但和孩子一起在雪地上玩耍，度過一整天後，也從五歲孩子身上，感受到比朋友感情更深厚的「戰友情誼」。

因為這份「戰友情誼」，到現在我們還經常提起某件趣事，那是發生在菲力普七歲左右時的事。那天，我和孩子一同前往位於江原道平昌的某座滑雪場，一整天都在滑雪，直到纜車營業時間結束。即便是這樣，仍覺得玩得不過癮，我便帶著疲憊的孩子，搭上最後一班纜車。由於是最後一次，我沉浸在滑雪樂趣中，比孩子先行滑下坡。但過了十分鐘、二十分鐘後，菲力普依舊沒有下來。我左等右等，等了好長一段時間後，看到一輛巡邏車後面拖著擔架，擔架上躺著的不是別人，而是我的孩子！

天啊！怎麼會這樣？事後才知道，菲力普因為太累了，腿沒有力氣控制方向，結果被後方的滑雪者撞倒。孩子的腿摔斷了，必須花長達兩個月復原。他明明可以埋怨我，為什麼丟下他，自己先滑下來害他受傷，但感謝成熟的菲力普並沒有這麼做。

在那之後，他還是一樣喜歡跟我一起去滑雪，即使是凌晨出發，也總是不錯過任何一次。我每次跟他說：「媽媽明天凌晨就會出發，你不想去也沒關係，我大概四點半叫你起床，如果你起不來，媽媽就自己去。」神奇的是，這樣說完後，哪怕只有一點小動靜，孩子也會立刻醒來，準備和我一起出發。或許是平時因為工作忙碌無法陪在他身邊，他想藉這個機會陪在我身邊。就像職業媽媽費盡心思，也想擠出時間陪孩子，孩子也跟我們一樣努力。這如果不是戰友情誼，那會是什麼？我想不到比這更好的形容了。

教養的獨特哲學：不比較

養育孩子的過程中，最讓我感到暗無天日的時期，大概是菲力普剛上小學一、二年級時。那時的我，由於工作繁忙，根本沒時間看孩子的聯絡簿。有時太晚下班，就算看完聯絡簿想幫孩子準備文具用品，附近的文具店和超商也早已打烊，根本來不及準備。（如果是現在，或許就可以用凌晨外送服務？）一想到隔天孩子得兩手空空去學校時，心情特別沉重，甚至會把氣出在孩子身上，責備孩子：「你怎麼不事先跟我說？白天時先打電話或傳訊息給我也好啊！」

但旋即又冒出另一種想法，覺得孩子也應該要為自己負責任，準備好自己該帶的東西。職業媽媽和全職媽媽的角色是不一樣的，媽媽的角色並不是一成不變。只要讓孩子知道，如果媽媽無法準時下班，可以請家裡的其他大人幫忙，或事先聯繫媽媽。若孩子還是無法按時完成作業，或是忘記準備該帶的東西，也不必太難過，只能讓孩子自己去面對，因為這不是職業媽媽的錯。

身為職業媽媽，很可能會擔心自己是個不稱職的媽媽，不像全職媽媽一樣可以全心照顧孩子，深怕自己做得不夠好。然而，職業媽媽必須謹記在心的另一項原則是：不要和別人比較。聽到別人家的小孩學了哪些才藝、去了哪間補習班、超前學習了多少，總會讓父母們感到焦慮。聽久了，自己的教育觀也會受到影響。有時也會聽到一些毫無根據的說法，像是職場上表現越出色的女性，孩子越無法適應學校生活。只要孩子稍微落於人後，就會擔心身為媽媽的我，是不是哪裡做得不夠好而感到莫名焦躁。然而，即使跟別人一樣，把孩子送進一間又一間的補習班或教育機構，也無法減輕內心的不安。

不過，如果是孩子自己想做的事，那就另當別論，我們必須用心傾聽孩子的想法。菲力普六歲時，某天突然跟我說他想學小提琴，或許是看到他幼稚園同學也在學小提琴，所以他也想試試看。「好啊！那就去學學看吧！」我很爽快地答應兒子的要求，但前提是不管學什麼，都至少要堅持兩年。無論是小提琴、英語、足球、溜冰……他想學的東西我都會讓他試試看，但必須堅持兩年。六歲的小孩能夠堅持多久？我其實並沒有抱著太大的期待，但菲力普的小提琴課居然就這樣一直上下去。隨著他日漸長大，小提琴也換了五把，就在他學小提琴第二年時，某天他突然對我說：「媽媽，我小提琴已經學了兩年了，我現在想學鋼琴。」

我才知道，菲力普始終遵守我跟他之間的約定，堅持兩年後才說他想學鋼琴，讓我深受感動。在音樂教室看到其他孩子彈鋼琴的樣子，他心裡一定羨慕極了，但他卻壓抑這樣的想法，只為了遵守我跟他的約定。不過，等了這麼長的時間才終於有機會學鋼琴，更加深了他對鋼琴的熱愛。不管在學校或在家裡，都無法專注超過十分鐘的孩子，卻被鋼琴老師誇獎：「菲力普只要一進到琴房，就不想出來了。」

孩子會在音樂教室寫作業、吃點心、睡午覺，還有彈鋼琴。當我加班時，他會先在附近的餐廳吃晚餐，吃完後回去繼續彈鋼琴。孩子就像是住在音樂教室一樣，院長老師也把他當成自己的孩子一樣照顧。我很感謝能找到孩子喜歡並能專注投入的事情，但我也盡量不給孩子壓力，提醒自己對於孩子喜歡的事物不要不懂裝懂，以免破壞孩子純粹的快樂。我的責任就是站在孩子身後，靜靜地守護著他。

雖然是結果論，但孩子光憑在社區音樂教室學習的實力，進入了美國著名的伯克利音樂學院（Berklee College of Music）。他覺得如果不申請看看會後悔，便決定自己製作作品集，向學校提出申請。許多考生製作作品集時，都會聘請管樂隊或專業四重奏，但菲力普發揮自己的創意應試。這或許也跟父母沒有介入有關，正因為我沒有插手過問，孩子才能按照自己想要的方式，因而獲得成長。當然在那之前，幸運的是我身旁總是不斷遇到貴人相助。

與孩子分享日常生活

最後，建議大家可以和孩子一起寫「家庭日記」。即便到現在，我還能跟轉眼間長大的孩子無話不談，這都要歸功於從小經常和孩子聊天。過去那些聊天互動的時光，至今仍影響著我和孩子之間的關係，似乎也有助於孩子找到自己的人生方向。事實上，抽出時間和孩子聊天確實不容易。尤其對雙薪家庭來說，彼此就連見上一面都很困難。因為大家都很忙，不只我忙，先生也忙，孩子更是忙翻了。因此，我們家的習慣是會一起寫家庭日記。每年我都會在Google文件中建立家庭日記檔案，大家可以在日記中書寫自己每天的心得，就算只有簡短幾句也好。Google文件的好處是，大家可以共同編輯書寫，隨時都能看到。即使無法每天見面，但透過這個方式，感覺像是陪在彼此身邊。

像這樣寫了一整年的日記後，加起來幾乎快要超過一百頁。當然，孩子長大到了青春期，也有越來越多事情不會寫在日記上。儘管如此，日記就像是一把鑰匙，維繫著我和孩子之間的關係。長大成人後的菲力普，到現在還是會經常和我聊小時候旅行時的事。前陣子，他還因為看到好幾年前去南美徒步旅行時寫下的日記，回憶霎時湧上心頭，特地傳訊息給我，說他看到以前寫的日記，想起了過去旅行時的點點滴滴，心裡覺得很感動。十幾年前的記憶，還能讓孩子印象深刻，我聽了也很開心。每次見到朋友或後輩時，我都會建議他們用Google文件和孩子一起寫家庭日記，但從來沒看過有人這麼做。強力推薦趁孩子還小時，和孩子一起寫家庭日記吧！

即便到現在，我還是會經常問孩子：「你會不會覺得如果小時候媽媽多督促你念書就好了？會不會覺得媽媽太放任你不管？以前媽媽忙工作沒時間陪你，你會不會很難過？」我小心翼翼地問著，深怕聽到他的答案是肯定的。菲力普總會回我：「不會啊，我覺得媽媽已經花很多時間陪我了，我很開心。而且看到媽媽認真工作的樣子，我覺得很驕傲，很慶幸我的媽媽跟別人的媽媽不一樣。」每次聽完後，內心曾經有過的不安，也在瞬間消失殆盡。

原來過去這段時間，孩子看到媽媽認真工作的樣子，是全然支持與尊重，能教出這樣的孩子，讓我感到很欣慰。即使孩子現在已經二十五歲了，每次掛電話前都會跟我說：「愛你喔！」雖然有朋友在身邊時，他會刻意壓低音量。儘管如此，我還是會自我安慰地對自己說：「能把孩子教成這樣就夠了！」

27

兒子花了一百萬的故事

從菲力普還小的時候，我經常會帶他來一場特別的旅行。那就是給他一張全國地圖，讓他指出想去的地方。

「在地圖上指出你想去的地方，不管是哪裡，媽媽都帶你去。」身為職業媽媽，由於工作忙碌，大部分時間無法陪在孩子身邊，但我始終希望能以陪伴的品質來彌補陪伴的時間。每個月大概兩次，我和先生會各自帶孩子來一場單獨的母子之旅或父子之旅。比起待在家裡，旅行期間更能專注陪伴孩子。孩子也會把旅行的記憶，珍藏在心中。

和你在一起，去哪都好

旅行目的地一定是由孩子挑選。孩子會看著地圖，隨意指出地圖上的某個城市。如果是選到像釜山、全州、光州等大城市，還算好安排；但有時也會挑到像錦山、驪州、安城這種距離太近或沒什麼景點可看的地方，就需要花費一些心力安排。

某次，菲力普挑到的地方是「陰城」。在當時，陰城並不是著名的旅遊景點，但那又怎樣？既然孩子選到了，就去去看吧！不管去哪裡，都至少會有廟宇或市場這樣的地方。孩子只是隨意指出一個地方，如果媽媽真的帶他去那裡，也會覺得很神奇，旅行也會充滿樂趣。

屬於我們兩人的旅行，還有一項原則是無論去的地方是遠是近，都會在當地住上一晚，採「慢遊」的方式旅行。比起華麗的飯店或渡假村，我們一般會選擇家庭經營的民宿，通常也只搭大眾交通工具。有些人喜歡在旅行時，在短時間內去很多景點，但旅行時我並不追求效率，即使只去一個景點，也喜歡和菲力普待久一點慢慢逛。當然，這樣的旅行並不輕鬆。旅行途中一直在走路和等待，但因為這是孩子自己選的，他也很樂在其中。我們一起決定旅遊景點、一起尋找好玩的事物、一起走路、一起同甘共苦，共同度過的時光，成了令人難忘的回憶，也可以聊一些全家人一起旅行時無法聊的話題。雖然陪伴孩子的時間不夠長，但我相信孩子和媽媽在一起的時間，會成為他日後的養分。

有時，我們會去逛市場，買一些野菜回去給菲力普的奶奶，也會在市場麵攤吃麵。或許是看到我一個人帶著孩子旅行，市場裡的老人家們以為我是單親媽媽，也會對我特別親切。在公車上、市場裡、大街上、民宿裡會遇到各式各樣的人，我想讓菲力普看到人們真實的生活樣貌。我相信有那麼一天，我們會想起這些事情，然後一起閒話家常。

即使當下沒有共鳴，也無法有更多交談，但未來看到同樣的事物、品嘗著同樣的食物、出現同樣的感受時，這些回憶也會重新湧上心頭。「媽媽，我那時在那裡吃的是辣醬刀削麵嗎？」隨著回憶湧現，也會開啟另一段對話。

和青春期的孩子去旅行

然而，像這樣的單獨旅行，在孩子青春期時，卻成了高難度的挑戰。和青春期荷爾蒙急遽變化的兒子，二十四小時相處在一起，總會讓我膽戰心驚。一整天說不到一兩句話，心情不好時一句話也不說，和這樣的孩子待在一起，表面看起來相安無事，內心卻總是千瘡百孔。與正值青春期的孩子旅行時，總會讓我覺得我為什麼要來旅行？一整天氣得直跺腳。

十多年前，我曾和菲力普兩人單獨去西班牙旅行。那年旅行的主題是「足球」。小時候，他只是在地圖上指出想去的景點，但長大後，他會決定好主題，再挑選旅遊景點。只要孩子挑了，我們就一定會出發。旅行的原則跟之前一樣，漫長的兩個星期裡，只要菲力普說要去，就只能摸摸鼻子跟著他去。但問題是，待在西班牙的兩個星期裡，我們只去了足球場。連來西班牙必去的著名博物館或美術館都沒去，就是到處去各個西班牙著名的足球場朝聖。唉！除了足球場之外，我還想逛別的地方啊！

這趟足球場朝聖之旅的高潮，就是西班牙經典之戰（El Clásico）！也就是皇家馬德里和巴塞隆納的對賽。根本不知道什麼是西班牙經典之戰的我，只是傻傻地跟著菲力普。想當然耳，票已全數售罄，而個人轉賣的票，一張票居然要價韓幣一百萬元（約新臺幣兩．四萬元）。雖然這趟旅行一直是按照菲力普想要的規劃走，但一下子要掏出這麼多錢，我心裡其實很想推翻這項遊戲規則。

「一百萬不是筆小錢，你非得要看一場一百萬元的比賽嗎？」我猶豫地問道，菲力普卻以相當強硬的口吻反問我。

「媽，你覺得我們這輩子會再來西班牙旅行幾次？」

「嗯，大概一次吧？」

「媽，我們這次來西班牙旅行，剛好碰上了西班牙經典之戰。這場比賽一年只舉辦兩、三次，你覺得我們下次來西班牙，恰巧碰上球賽的機率有多高？」

「嗯……」

我被問得啞口無言。因為他說的話很有道理，而且相當有說服力，我就這樣被說服了。但我的心情也不是太糟。菲力普什麼時候變成說話如此有說服力的孩子了？我忍不住暗自驚嘆，眼眶泛著淚光。我在心裡默默安慰自己，幸好有這趟旅行，至少讓我和正值青春期寡言的兒子，能像這樣說上幾句話。

在那之後，我還是會和菲力普單獨去旅行。現年二十五歲的菲利普，至今仍時常提起那件事。雖然當時他很堅持己見，但他萬萬沒想到我居然會真的掏出一百萬買票，他說：「我媽媽真的跟別人不一樣，她會認真聽我說話。」當時花了一百萬，過了十年後，還能獲得這樣的評價，現在回想起來，這筆錢花得也算值得了。

28 雙姓的由來，「鄭金慶淑」背後的女性們

我是家中一男三女之中的么女。父母生下哥哥後，一連生了三個女兒，看樣子他們似乎還想再多生一個兒子。成長過程中，我也經常聽到：「如果妳是兒子，那該有多好？」、「當時生第四胎時，還以為妳是兒子。」有時候，我也會難過地反駁：「都已經生下來了，不然你們還想怎樣？」但說真的，內心深處也隱隱希望自己如果是兒子就好了。雖然父母對兒子和女兒並沒有明顯的差別待遇，但他們總是對長子特別信任，對他寄予厚望，也會給予他全面性的支持，看在我和姐姐眼裡滿是羨慕。每當我拿著全校第一名的成績單或獎學金回家時，父母總是會笑著說：「妳就像是我們最小的兒子一樣。」這種令人笑不出來的稱

讚。不過，和當時保守的鄉下長輩們相比，父母已經算是很開明的了。

後來，和大學認識的男友，也就是現在的老公，在二十四歲那年結婚。大家聽了可別嚇到，我老公是宗家的宗孫，也就是長子的長子。我心想，如果和他結婚，那我不就成了宗家媳婦嗎？戀愛時，一想到這個從未想過的陌生畫面，不禁令我望之卻步。就像我想的那樣，婆婆一直到退休前都還在上班，卻要包辦宗家大小事和所有的家務，包括一年超過十次的祭禮。

然而，幸運的是，在我超過三十年的職場生活中，婆婆會幫我煮飯、幫忙照顧孩子，成為我的後盾，給予我全力的支持。婆婆甚至還說，所有的祭禮就到她這一代結束，自己一手包辦家中大小事。在我下班後念研究所的那段期間，她也一樣會來家裡幫忙照顧菲力普。她說，她希望能有更多女性能待在職場上久一點，總是以我這個媳婦為榮，並不斷地支持我。要是沒有母親和婆婆這兩位女性全心全意的支持，就不會有今天的鄭金慶淑。

我們的名字正在進化

我以金慶淑這個名字活了二十九年，在邁入三十歲的那年，我重新製作了名片，上面寫的名字是「鄭金慶淑」。結合母親姓氏的「鄭」和父親姓氏的「金」，在名字前冠上父母雙方的姓氏。

礙於民法規定，成年人改姓受到許多限制，因此戶籍上的名字並未更換。若是隨父姓維持「金」這個姓氏，在名字前加上母親姓氏的「鄭」，改成「金鄭慶淑」，更換戶籍名字會來得容易許多，但我還是希望把母親的姓氏擺在最前面。當時，在摩托羅拉韓國分公司工作的我，包含名片在內，對外都開始用「鄭金慶淑」這個名字。

我目前身分證上的名字依舊是「金慶淑」，但被人叫「鄭金慶淑」這個名字超過二十年，現在的我比較習慣這個名字。聽到以前的朋友叫我金慶淑時，還會以為是在叫別人，反而覺得很陌生。工作上認識的人，或許是對雙姓氏不大熟悉，到現在偶爾還會叫我金專務或鄭專務，有時也會把兩個姓氏弄顛倒，叫我金鄭專務。我心裡想，如果收到我名片的人，能稍微理解我使用雙姓氏的目的，那就夠了。

收到新名片的那天，我把名片第一張遞給母親，對她說：「媽，是妳把我帶到這個世上，我的存在有一半是來自於妳，就像名片上的名字一樣。」

拿到印著「鄭金慶淑」這個名字的名片時，母親的眼眶泛紅。「嗯，妳真的做了一個很棒的決定。」我想告訴媽媽的是，我之所以能成為現在的我，都是多虧了媽媽；把我生下來的人不是別人，而是媽媽。在那一天，我們超越了所謂的母女關係，重新創造出女人與女人之間的連結。那天過後，媽媽不再只是小女兒撒嬌的對象，而是作為社會的一份子，以女性身分投入社會上各類型的活動。與此同時，我與母親之間的距離似乎也變得更近了。

不過，幾年我在某家媒體認識了一名實習記者，她的名片上只寫了兩個字——「慶華」（化名）。我很自然地以為她姓慶，單名一個華，還稱讚她的名字很美。但她卻告訴我：「不是的，我是把父母的姓氏都拿掉，只留下我的名字，因為最重要的還是自己本身，不是嗎？」

她並非對父母不敬或輕視父母，而是認為比起承襲父母，更重要的是靠自己創造的未來。有別於我們這一代，是煩惱要先冠母姓，還是先冠父姓，這一代的年輕人跳脫出傳統思維，索性拿掉父母雙方的姓氏，重新把焦點放回在自己身上。她的這一席話，讓我深思許久。這表示女性的社會自我已經逐漸在進步，實現自我的方法也越來越多元化。而我能做的事情，就是盡可能讓更多女性發揮更大的影響力，並努力為此鋪路。希望將來有一天，自己也能成為某人心目中的榜樣，在我心中這樣的心願日益強烈。

29

職場經歷加總超過百年的摯友們

職場生活中，帶給我們最大力量，同時也讓我們感到最疲憊的，就是「人」。下班後回到家，家人或住在一起的室友或許會問：「公司發生了什麼事？」此時，往往會苦思不知該從何說起，只能簡短地回答：「說來話長。」我也是如此，明明身邊除了家人外，還有高中的死黨、運動夥伴、在其他公司認識的朋友，但奇怪地是，就是無法跟他們聊在公司遇到的困難或煩惱。並不是不願意和他們說，而是要把原委說清楚，說起來肯定沒完沒了，另一方面也覺得自己好像在背後說公司壞話，心裡過意不去。

若是在公司內遇到志同道合的同事，彼此可以坦誠以待，互相信賴，那是再好不過的事了。就像求學時期，比起學習的樂趣，是因為想和朋友見面，跟同學玩在一起，才喜歡上學是一樣的。職場上若能交到這樣的朋友，上班就不會覺得那麼累。常聽人說，年紀越大越難交到朋友，甚至恐嚇不要期待上大學後還能交到朋友，更再三警告職場不是交朋友的地方。但我個人並不同意這樣的說法。

我最大的後盾：同事摯友們

如果有人問我：「職涯生活中最大的後盾是什麼？」我一定毫不猶豫地回答：「FIN.K.L[6]」（啊！或許現在有人不認識偶像團體 FIN.K.L？）我有一個由「閨密」們組成的智囊團，我們幾個在三十幾歲時認識，至今已有近二十年的友誼。由於是四個女生組成的團體，我們替自己取了個外號叫「FIN.K.L」。我們是怎麼認識的？我們四個其實是年過三十後，在韓國禮來工作時認識的同事。雖然隸屬於不同部門，某次偶然在泡咖啡時，幾個女同事聚在一起聊心事，之後才開始慢慢變熟。

我們分別在營運／市場調查、宣傳／行銷、人事、財務等不同部門工作，在不同領域累積專業知識，職涯經歷加總超過一百年。我們甚至還會開玩笑說，我們四個可以聚在一起，都可以合開MBA課程了。每隔一兩個月，我們會撥出時間見面，暢所欲言地聊天。雖然是沒有壓力的閒聊，過程中也會聽到豐富的職涯經驗談與智慧語錄。即便現在年過五十，我們四個人仍充滿自信地在職場上工作，這也多虧了彼此的支持與陪伴。

沒有比連結更強大的力量

在公司如果只專注在自己工作，對相關部門的工作漠不關心，久了就會像在孤島工作一樣，受限於自己的領域中。累積經歷和提升專業知識，某種程度上也意味著知識領域會越來越狹隘。在這樣的情況下，向其他部門同事取經，互相學習其他領域的專業，就變得相當重要。沒有所謂與工作無關的事，定期和其他部門的人溝通，自然

6 FIN.K.L（핑클），為九〇年代末期的韓國女子偶像團體，成員有李孝利、玉珠鉉、李真及成宥利。

就能了解新的概念或趨勢，也能知道隔壁部門現在正在進行哪些專案、該部門目前主要發展重心為何、與公司整體發展有何相關等。

像這樣建立有意義的人脈，藉此拓展接觸各種知識和視野的機會，網羅更多資訊，和不同的人學習，互相發揮影響力，這也就是所謂的「社交資本」（Social Capital）。誠如字面所述，意思就是能獲得金錢以外好處的關係。光是看到三位好友們工作的樣子，就能帶給我莫大的勇氣，對我也是種激勵。曾經任職於營運部門的傑姬（Jackie），透過公司內部轉調換到人資部門後，在短時間內累積人資領域相關專業，開始獲得公司認同。和員工建立信任關係，是相當困難和複雜的任務，但傑姬都能一一化解，也多虧了她，讓我更能掌握公司脈動，對營運團隊更了解，同時也對以人為優先的人資部門所扮演的角色，稍微有所理解。

另一位朋友美瑩，她是市場調查專家。比起總是用高亢的嗓音到處奔走的我，無論在任何情況下，她都能氣定神閒，從容不迫地把問題處理好，實在讓我崇拜不已。開會時，總能以平穩的語調提出市場分析數據，並有條有理地做出重大決策的美瑩，行銷專業備受肯定，後來被挖角至某間生技公司擔任執行長。為人寬厚，深得員工信任的美瑩，至今仍令我深受啟發。

曾擔任財務中階主管的艾倫（Ellen），她身上擁有我最缺乏的能力，那就是對數字的敏感度。事實上，直到工作第十年，我對財務部的工作都還是一知半解，認為財務部只是負責砍活動預算、處理員工發票等相關費用的部門。認識艾倫之後，我才理解財務部是站在公司整體的角度，並以行銷思維預測市場，進行財務規劃的工作。因此，即使日後在特定事業部門工作時，我能以宏觀的視野看待公司整體的營運和方向，也都是受到她的影響。

建立同事人脈最大的好處，形同在公司內有了強大的後援。由於績效標準與其他部門的同事不同，因此很容易形成互助合作、督促彼此的關係，而非競爭。當我猶豫是否要從宣傳部轉到行銷部時，提供給我最具關鍵性的建議，正是這些同事摯友們。因為她們熟悉公司狀況和動向，能從她們那裡聽到最中肯的建議，又能從不同部門的專業角度，提供客觀合理的意見。

我們四個人在三十幾歲時認識，在各自工作崗位上發展事業。後來其中一、兩個人陸續離開公司後，如今四人都在不同公司工作，彼此的連結反而更深了，友情歷久彌堅。大家都不再只是公司的中階管理職，而是晉升到高階主管位置，彼此分享在不同產業和公司累積的洞察力，成為生命中不可或缺的重要夥伴。當時在HR部門工作的傑姬，後來成了某間製藥廠的人資長；曾在任職於市場調查部門的美瑩，目前是生技公司的CEO；在財務部工作的艾倫，現在是某間國際非營利組織的財務總監。

女力聯盟，引領彼此邁向成功

我們是彼此的心靈導師，也是彼此的後援，引領彼此邁向成功。最讓我們引以為傲的，是我們建立了互相合作的互助系統。從某種程度上來說，也是我在職場生活中最大的人脈資產。如今，我們四個人都生了小孩，同樣是職業婦女，在職場上認識超過二十年。當艾倫生下雙胞胎，結束育嬰留停準備重返職場工作時，給予她最大祝福與鼓勵的人，也是我們「FIN.K.L」。

我們無論發生任何事，都會當成自己的事一樣認真看待，並給予建議。不，光是聆聽就能成為一股莫大的力量，知道遇到問題有人可以請教，就能讓我感到安心不少。即使現在來到美國工作，我們四個人也一樣會透過社群媒體分享彼此的近況。此外，每天還會互相分享自己剛學到的英語用法，一起學習英語。我們是彼此的「責任夥伴」（Accontability Buddy），當遇到一個人難以持續或容易放棄的事時，會互相砥礪予以支持。

若要把這種關係定位為女力聯盟，那也很好。在職場上或人生旅途中，如果沒有年齡相仿可以傾訴煩惱的朋友，又能與誰訴說心事？若職場生活充滿了競爭與嫉妒，會讓我們工作起來很痛苦，我們不可能每天過著這樣的生活。雖然適度的競爭有助於成長，但當它成了生活中的一切，會讓人感到疲憊。

比起競爭關係，互助合作會讓工作變得更輕鬆，關係也才能更長久。若能找到超越競爭關係。追求共同成長的同事，在職場上就能走得更久遠，也會更加快樂，因為合作才是成長最根本的動力。如果總是忙於眼前的工作，很難有時間關注其他同事正在忙些什麼。時間一久，就會變得更困難，只會越來越力不從心，然後慢慢老去。

然而，若是身旁有「責任夥伴」，他會牽著你的手，陪你度過這些難關，告訴你不要氣餒，替你打氣加油，相信你不管做什麼事情都能成功，在背後不斷支持你。因此，不妨跨出去尋找你的責任夥伴吧！試著和其他部門同事聊天，邀請想建立朋友關係的同事：「下班後要不要一起去吃烤肉？」，如果一樣都愛喝咖啡，也可以問對方：「要不要一起喝杯咖啡？」你一定能從這些人當中，找到堅強的後盾。

身為女人、母親和主管，

生活是無法獨力完成的事情。

正是因為有互相扶持的「夥伴」，

我們才能繼續走下去，堅定不移地向前邁進。

現在我知道，

團結合作才是推動我成長最重要的力量。

結語

當內心焦躁不安時，不妨先回頭看看

有時，我們難免會懷疑自己是否走在正確的道路上？懷疑這條路是否適合自己？忍不住和別人比較，擔心自己落於人後，對自己越來越沒自信。明明應該是有自信能做好的事，明明做這件事會讓自己感到開心，卻可能因為一些小失誤而失去自信，或開始感到厭煩。遇到這樣的情況，不免會陷入自我懷疑。

若你開始出現：「這條路似乎不適合我」這樣的想法時，不妨先調整一下呼吸，試著以客觀的角度，重新審視自己的生活。接著，把以下這些叮嚀當成檢視清單，回顧自己的生活吧！

Tip 1

體力也是實力

當身體疲憊時，就很難撐下去。即使犯了再嚴重的錯誤，或工作不順利時，倘若狀態良好，無論如何都會設法克服。不過，若是狀態不佳，會變得比平時更無力絕望。內心的餘裕來自於體力，就算工作再認真，一旦對自己失去自信，凡事消極以待，就必須檢視自己是否體力衰退？平時花多少心力關注自己的身體狀態？

Tip 2

不斷學習新事物，為大腦注入燃料

當日復一日地困在工作裡，不斷消耗自己，你會忘記如何充實自我。就像一匹馬若是盲目地橫衝直撞，到最後會筋疲力盡地倒下；如果我們不充實自己的大腦，也只會被無力感吞噬。在陷入職業倦怠前，不妨花時間好好充實自己吧！除了工作上的學習外，無論學習任何事物，都能為生活注入活力。

Tip 3 花時間培養可以專注投入的興趣

興趣不是奢侈品，而是必需品。在瞬息萬變的職場中，長期耕耘的興趣會成為強大的力量，讓我們能在急流中站穩腳步。無論在職場上或家庭中，若能往後退一步，把重心放回自己身上，反而能獲得力量，重新回歸到日常生活中。去旅行也好、學樂器也好、運動也好，任何興趣都好，只要能持之以恆，專注在自己喜歡的事物上。即使不擅長也沒關係，反正我們又不是立志要當職業選手，不是嗎？

Tip 4 盡可能多認識一些朋友

任何事情一個人做，雖然可以迅速、有效率地完成，卻無助於把事情做大或做得更長久。像是運動或學英文，若能找到同伴，就能持之以恆。職場生活也是如此，與其凡事「親力親為」，覺得別人幫不上什麼忙，急著劃清界線；倒不如找幾個併肩作戰的夥伴互相幫忙，建立一套「後援系統」。世界上沒有一種力量，比團結合作來得更強大。

Tip 5

不要想太多

在開始做一件事前，我們很容易想太多或煩惱太多。與其擔心遙不可及的未來，什麼事也不做，倒不如從自己能力所及的事情開始做起，對創造燦爛的未來更有幫助。若是事情不如預期，感到焦躁不安時，不妨接納現實，試著告訴自己：「沒關係，失敗了天也不會塌下來。」就算現在做不到，之後再試試看也不遲。

致謝

在這本書問世之前，我得到了許多幫助。在長達兩年多的疫情期間，為我帶來力量的，正是在行事曆上標註為黃色行程的「多伊和露易絲的約定」。感謝熊津出版集團單行本編輯部鄭多伊科長，抱著與我出生入死（！）的決心，每週來回不斷校稿，為彼此加油打氣，可以說是名副其實的「戰友」，真心感謝有妳。

感謝聽到我出書的消息，比任何人都還要開心的 FIN.K.L 四人幫。「美瑩、艾倫、傑姬，讓我們繼續展現女力聯盟的力量吧！」以及過去十五年來，讓我有動力一直待在公司的 Google 同事們（當然，也包括前同事們！），想對你們說：「謝謝你們和我一起成長，帶給我寶貴的經驗。」還有到現在仍會對我說「媽媽，我愛你」，即將成為職場新鮮人的菲力普，媽媽想告訴你：「謝謝你平安健康長大，踏入職場並不容易，但不必心急，我們看得是更長遠的路。媽媽到現在不也還是工作得很開心，不是嗎？不管失敗幾次都沒關係，人生還很長！」

感謝過去三十年來，讓我可以安心工作，在背後支持我的家人們，尤其是婆婆和娘家媽媽。還有即使我總是「電光石火」般輸了比賽，十四年來一直陪我練習劍道的夥伴們，在此也要謝謝你們。感謝即使練了七年多還吹不出聲音，一直沒有放棄過我的大笒教練。我也要謝謝那些一直陪在身邊的朋友們，讓我看見自己的價值，鼓起勇氣接納「原本的我」。

對了，還要感謝今天在賣場買慢跑（jogger）褲時，店員聽不懂我的發音，只好寫出拼音給他看，他才告訴我慢跑褲正確的念法應該是「joggers」，謝謝那位店員！也要謝謝當我說我不是為了練習發音，而是真的想買「joggers」跑了五間店時，親切對待我的店員們，感謝你們每一個人！

願所有人都能如願以償地

享受自己熱愛的工作，讓熱情持續燃燒。

堅持下去吧，

反正到最後拼的是體力！

google

HEART
心視野　心視野系列 130

Google 公關總監的職場慢爬成功學

四十歲學英文、五十歲前進矽谷，突破限制，打造不倦怠的人生動力

계속 가봅시다 남는 게 체력인데

作　　　者　鄭金慶淑 Lois Kim
譯　　　者　鄭筱穎
行 銷 企 劃　蔡雨庭、黃安汝
封 面 設 計　鄭婷之
內 頁 排 版　theBAND · 變設計— Ada
責 任 編 輯　洪尚鈴
出版一部總編輯　紀欣怡

出 版 發 行　采實文化事業股份有限公司
業 務 發 行　張世明 · 林踏欣 · 林坤蓉 · 王貞玉
國 際 版 權　施維真 · 王盈潔
印 務 採 購　曾玉霞
會 計 行 政　李韶婉 · 許俽瑀 · 張婕莛
法 律 顧 問　第一國際法律事務所　余淑杏律師
電 子 信 箱　acme@acmebook.com.tw
采 實 官 網　www.acmebook.com.tw
采 實 臉 書　www.facebook.com/acmebook01

I S B N　978-626-349-459-6
定　　　價　380 元
初 版 一 刷　2023 年 11 月
劃 撥 帳 號　50148859
劃 撥 戶 名　采實文化事業股份有限公司
104 臺北市中山區南京東路二段 95 號 9 樓
電話：(02)2511-9798　傳真：(02)2571-3298

國家圖書館出版品預行編目資料

Google 公關總監的職場慢爬成功學 : 四十歲學英文、五十歲前進矽谷 , 突破限制 , 打造不倦怠的人生動力 / 鄭金慶淑作 ; 鄭筱穎譯 .
-- 初版 . -- 臺北市 : 采實文化事業股份有限公司 , 2023.11
264 面 ; 14.8x21 公分 . -- (心視野 ; 130)　譯自 : 계속 가봅시다 남는 게 체력인데
ISBN 978-626-349-459-6(平裝)

1.CST: 人生哲學 2.CST: 自我實現

191.9　　112016437

HEART

心|視野

HEART
心|視野